QUE S

L'aide sociale en France

AMÉDÉE THÉVENET
Inspecteur général des Affaires sociales

Cinquième édition corrigée

32ᵉ mille

DU MÊME AUTEUR

L'aide sociale... et vous, Editions International 3000 (épuisé).
L'aide sociale d'aujourd'hui après la décentralisation, ESF Editeur, 17, rue Viète, Paris (17e), 8e éd., 1990.
Les assistantes maternelles (avec J. Désigaux), ESF Editeur, 1980.
La garde des jeunes enfants (avec J. Désigaux), PUF, « Que sais-je ? », n° 2019, 1982.
Les travailleurs sociaux (avec J. Désigaux), PUF, « Que sais-je ?, n° 1173, 1991.
Le quatrième âge, PUF, « Que sais-je ? », n° 2454, 1991.
Les institutions sanitaires et sociales de la France, PUF, « Que sais-je ? », n° 2319, 1991.
Créer, gérer, contrôler un équipement social ou médico-social, ESF Editeur, 1990.
Le RMI. Théorie et pratique, Le Centurion, 1989.

ISBN 2 13 044902 6

Dépôt légal — 1re édition : 1973
5e édition corrigée : 1992, août

INTRODUCTION

Décrire « l'Aide sociale en France », c'est d'abord définir l'Aide sociale, et là réside la première difficulté. Des prestations d'aide ou d'action sociale sont dispensées dans le cadre de l'institution que nous allons décrire, mais aussi en dehors de ce cadre. Aide sociale générale et Aide sociale à l'Enfance sont administrées par les collectivités publiques, mais l'expression Action sanitaire et sociale s'applique aux interventions complémentaires des caisses d'assurance-maladie et d'allocations familiales. L'apparition relativement récente des divers vocables et leur vulgarisation ajoutent à leur imprécision, d'autant plus qu'aucun sens précis ne paraît avoir été dégagé pour chacun d'eux[1].

Toutefois, l'ensemble de ces mécanismes procède d'un but commun : assurer le mieux-être des catégories les plus défavorisées de la population, et le législateur l'a bien compris, qui les a regroupés dans un document statistique unique : l'*Effort social de la nation*. Mais ce n'est pas à ce niveau supérieur que nous nous placerons : le domaine qui nous intéresse ici est beaucoup plus restreint : il s'agit de la vieille *Assistance publique*. Elle fut, pendant des siècles, la seule institution à secourir les faibles et les malheureux de tous âges ; elle comprenait deux domaines, parfois mêlés : l'Assistance publique des « enfants assistés » qui étaient presque tous pupilles de l'Etat ; l'assistance médicale gratuite

1. Cf. Les quatre directions prises par le social, in *Les travailleurs sociaux*, « Que sais-je ? », n° 1173.

et l'assistance aux vieillards, infirmes, tuberculeux, incurables, femmes en couches et familles nombreuses.

La première, rénovée, a pris le nom d'*Aide sociale à l'Enfance* ; elle a su intégrer les techniques éducatives et psychosociales modernes ; tandis que d'autres services font face à de nouveaux besoins (service de santé scolaire, enfance inadaptée).

La seconde n'a pas disparu malgré la généralisation de la Sécurité sociale ; sous l'appellation d'*Aide sociale générale,* elle vient en aide à de nouvelles couches sociales (personnes âgées, migrants, inadaptés sociaux, personnes handicapées) et sait s'associer à la Sécurité sociale (prise en charge de la cotisation d'assurance personnelle, etc.). De ce fait, le nombre de ses bénéficiaires ne décroît pas.

Aide sociale à l'Enfance et Aide sociale générale ont été intégrées au Code de la Famille et de l'Aide sociale. Elles ont perdu leur vocable trop paternaliste d' « assistance » pour marquer le sens d'une longue évolution historique, juridique et morale dont le processus est peut-être, au demeurant, loin d'être achevé, surtout après la décentralisation.

Quoi qu'il en soit de cette évolution ultérieure, il nous paraît opportun d'en définir les formes et la portée actuelles. Un premier chapitre sera consacré à l'aide sociale à l'enfance, un second à l'aide sociale générale.

Chapitre I

L'AIDE SOCIALE A L'ENFANCE

I. — Origine et évolution

S'il semble aujourd'hui naturel que l'enfant soit pris en charge par la société des hommes lorsque la protéction parentale vient à manquer, il n'en a pas toujours été ainsi :

Chez les peuples primitifs et dans les civilisations anciennes, la vie et la liberté des enfants n'étaient guère respectées. A Rome, à Sparte, à Athènes, infanticides et abandons recueillaient l'approbation ou l'indifférence des esprits les plus éclairés.

Le christianisme apporta lentement une mentalité nouvelle, illustrée au XVIIe siècle par la noble figure de saint Vincent de Paul, qui sut allier une immense charité à des talents d'organisateur : il inaugura le placement familial, créa des établissements et des confréries religieuses de secours aux enfants trouvés et aux « bâtards », dont il ne cessa de proclamer la dignité et le droit à la vie.

La Révolution française substitua la notion laïque de justice à la notion chrétienne de charité. Bien des initiatives suscitées par ses principes ont subsisté jusqu'à nos jours, notamment les « maisons maternelles » et les « bureaux ouverts » en remplacement de l'antique système du « tour »[1] pour recueillir les enfants abandonnés.

1. Voir p. 31.

Le décret du 19 janvier 1811 constituera la première « charte des enfants assistés » ; la seconde sera celle du 27 juin 1904. En 1889, était votée la loi sur les *enfants maltraités* et *moralement abandonnés*.

Dès lors, le Service de l'Aide à l'Enfance ne se contentait plus de recueillir les enfants physiquement délaissés : il se voyait confier par l'autorité judiciaire les mineurs en danger dans leur famille légitime. La protection judiciaire de l'enfance était née. Elle agit pour restreindre ou supprimer l'exercice abusif de la puissance paternelle. Un décret-loi du 30 octobre 1935 introduisit dans la loi de 1889 une notion d'assistance éducative. L'ordonnance du 2 février 1945 concerne l'enfance délinquante. Celle du 23 décembre 1958 élargit la notion d'assistance éducative à tous les enfants « dont la santé, la sécurité et la moralité » sont gravement compromises. Ces dispositions sont enfin refondues, avec celles qui résultaient de la loi de 1889, dans une loi du 4 juin 1970 sur l'autorité parentale.

Tandis que s'organisait ainsi la protection *judiciaire* de l'enfance, sa protection *sociale* étendait parallèlement le champ de ses interventions :

— La notion d'abandon physique a été heureusement nuancée à l'égard des enfants dont les parents n'étaient que momentanément indisponibles, ce qui a permis la création des enfants « en dépôt » *(enfants recueillis temporairement)*.

— La notion d'*enfants secourus* s'est progressivement élargie. Conçue à l'origine comme une mesure préventive d'abandon, elle est devenue la forme normale d'aide sociale aux familles en difficulté.

— A l'égard des enfants disposant de la protection d'une famille *a priori* sans reproche, l'intervention des services ne pouvait être que limitée. Ce fut l'œuvre de deux dispositions législatives de 1945 qui organisèrent la protection médico-sociale de l'enfance : l'ordonnance du 2 novembre 1945 légalisant la *Protection maternelle et infantile* amorcée en 1942, et l'ordonnance du 18 octobre 1945 instituant le *Service de Santé scolaire*.

— L'enfance inadaptée, enfin, fut rattachée au Service de l'Enfance en 1964 et gérée conjointement avec l'Education nationale qui se charge des cas d'enfants scolarisables.

Telles furent les extensions successives qui avaient fait du Service de l'Aide à l'Enfance — chargé à l'origine du seul recueil des enfants abandonnés — le dénominateur commun de toute la population enfantine, qu'elle soit « *normale* » (Service de Protection maternelle et infantile et Service de Santé scolaire), ou *en danger* (Enfance inadaptée et Aide sociale à l'Enfance traditionnelle). Avec la décentralisation (1984), on assiste à un éclatement de ce service. L'enfance inadaptée reste une mission d'Etat ainsi que la santé scolaire. Le service de protection maternelle et infantile est placé sous la responsabilité du département ainsi que le service de l'aide sociale à l'enfance et le service départemental d'action sociale.

Le vieux service des « enfants assistés » a achevé sa mutation, pour s'acquitter du rôle que lui assigne l'évolution des esprits et des mœurs. Nous verrons comment il remplit sa mission mais auparavant il faut passer en revue les autres services.

II. — **La protection maternelle et infantile (PMI)**

La protection maternelle et infantile est organisée par l'ordonnance du 2 novembre 1945, la loi du 18 décembre 1989 et les décrets d'application. Son idée essentielle est d'associer les mesures de prévention instituées pour la sauvegarde des nouveau-nés aux dispositions prises, dans le cadre de la Sécurité sociale, pour encourager la natalité : allocations pour la naissance et allocations familiales.

1. **Organisation.** — De 1969 à 1984, le Service de Protection maternelle et infantile était inséré dans le Service d'Aide à l'Enfance, devenu Service unifié de l'Enfance. Son organisation est réglementée par le Code de la Santé publique (CSP). Le personnel du service comprend en plus du responsable, qui est un médecin, un ou des médecins spécialisés, des puéricultrices et des assistances sociales. Depuis le 1er janvier 1984, il est placé sous l'autorité du président du Conseil général.

2. **La protection mise en œuvre.** — Elle est successivement préconceptionnelle, prénatale et postnatale.

A) *Préconceptionnelle.* — Elle commence en effet par l'examen médical prénuptial des futurs époux, sans lequel l'officier d'état civil ne peut procéder à la célébration du mariage (art. L 153 du CSP).

B) *Prénatale.* — a) *Déclaration de grossesse* obligatoire pour toutes les futures mères, assurées sociales ou non. Elle permet aux Caisses d'Allocations familiales de verser les prestations pour la naissance. Elle donne lieu à la délivrance du carnet de maternité.

b) *Examens prénataux et surveillance médico-sociale.* — Sept examens prénataux sont obligatoires (à partir du 3e mois de grossesse). Un décret prévoit la nature des examens. Le personnel médical ou social du service visite à domicile les futures mères dont l'état sanitaire ou la situation psychologique nécessite une protection particulière (art. L 154 à L 157 du CSP).

C) *Postnatale.* — Elle s'étend sur la mère et l'enfant et regroupe :

a) *La déclaration de naissance.* — L'officier d'état civil doit communiquer un extrait de naissance au Service de Protection maternelle et infantile qui peut ainsi suivre les naissances « à risques ».

b) *Carnet de santé de l'enfant.* — Il est remis gratuitement par la mairie à la personne qui déclare la naissance ; il doit être présenté aux consultations (art. L 163 du CSP).

c) *Examen postnatal de la mère.* — Il a lieu dans les huit semaines de l'accouchement et il est accompagné de conseils d'éducation sanitaire.

d) *Examens médicaux préventifs de l'enfant.* — Ils sont organisés par la loi du 15 juillet 1970 et sont au nombre de :

- 9 au cours de la première année de la vie ;
- 3 au cours de la deuxième année de la vie ;
- puis un examen semestriel au cours des quatre années suivantes.

Les examens subis :

- dans les huit jours de la naissance,
- au cours des 9e et 24e mois

donnent lieu à l'établissement d'un certificat de santé. Cette pièce, insérée dans le carnet de santé de l'enfant, permet aux familles de recevoir les allocations familiales. Elle permet parallèlement au service de PMI de dépister précocement les anomalies et infirmités des jeunes enfants et, par conséquent, de les traiter rapidement soit en milieu naturel, soit dans un établissement spécialisé.

e) *Vaccinations obligatoires.* — Elles concernent la diphtérie, le tétanos, la polio et la tuberculose.

3. **Les modes d'accueil de la petite enfance**[1]. — Les jeunes enfants placés hors du domicile de leurs

1. *La garde des jeunes enfants*, « Que sais-je ? », n° 2019.

parents sont sous la protection du service de protection maternelle et infantile — le placement de ces enfants a eu lieu soit dans des établissements, soit chez des particuliers.

a) *Les établissements* sont :

— *les crèches :* elles accueillent pendant la journée les enfants bien portants de moins de 3 ans ;
— *les crèches familiales :* elles sont constituées par un réseau d'assistantes maternelles organisé autour d'une équipe médico-sociale et administrative qui en assure l'encadrement ;
— *les crèches parentales :* elles sont organisées par les parents eux-mêmes, avec l'aide d'un spécialiste. Elles correspondent à une aspiration très forte à l'autonomie des parents ;
— *les pouponnières :* elles ont pour but d'accueillir, jour et nuit, les enfants de moins de 3 ans qui ne peuvent rester dans leur famille, ni chez des assistantes maternelles, généralement pour raison médicale ;
— *les garderies et jardins d'enfants :* ils assurent un accueil plus occasionnel, ou complémentaire d'une crèche, de l'école maternelle, ou de la garde par les parents.

b) *L'accueil par les particuliers.* — Il s'agit des traditionnelles « nourrices » ou « gardiennes d'enfants » devenues « assistantes maternelles » depuis qu'une loi du 17 mai 1977 les a dotées d'un statut et constituées en véritable profession. Pour être « assistantes maternelles » les personnes qui désirent « garder les enfants des autres » doivent être agréées par le service de protection maternelle et infantile. Ce service vérifie les conditions sanitaires du placement et les qualités éducatives de la personne qui veut être agréée — le placement de l'enfant est ensuite contrôlé par le même service.

Dans la société actuelle un enfant sur trois est accueilli par une autre personne que la mère, et presque tous les enfants bénéficient — au moins à temps partiel — d'un mode d'accueil collectif — ne serait-ce que l'école maternelle.

Il s'agit d'un fait sociologique important qui mobilise à juste titre l'attention des services de protection maternelle et infantile.

4. **La planification familiale.** — Les services de protection maternelle et infantile ont également la responsabilité des Etablissements et Centres de Conseil conjugal et familial. L' « établissement » est habilité à donner des conseils conjugaux et familiaux aux couples et aux familles. Le « Centre » a un caractère médical et il peut, en outre, distribuer des produits et méthodes contraceptifs (loi du 27 décembre 1967).

De plus, depuis la loi du 4 décembre 1974, les centres de PMI de circonscription doivent assurer les consultations prénuptiales, prénatales et post-natales, et remplir le rôle de centre de planification familiale.

III. — Le Service de Santé scolaire

Parue la même année que l'ordonnance instituant la Protection maternelle et infantile, celle du 12 octobre 1945 créant le Service de Santé scolaire visait aussi à protéger la santé de toute la population scolaire, à une époque où la situation sanitaire du pays était alarmante.

Une orientation nouvelle lui fut donnée ensuite : elle ambitionnait de promouvoir une « médecine du travail scolaire ». L'institution de bilans de santé et de bilans sociaux donnait une dimension nouvelle au contrôle médical qui cessait d'être purement somatique pour devenir psychologique et social.

Le service fut intégré aux Directions départementales des Affaires sanitaires et sociales en 1964 ; et en 1969, furent précisées sa mission et ses structures. En 1984, il a été rattaché à l'Education nationale.

1. **Mission du service.** — Elle est à la fois médicale et sociale. Elle se traduit par :

1) L'établissement de bilans de santé et de bilans sociaux aux étapes clés de la scolarité (3 ans, 6 ans, 10 ans et 14 ans, soit aux entrées en maternelle, cours préparatoire, classe de 6e et classe de 3e).

2) Des examens médicaux à la demande des parents et du corps enseignant, des examens et tests biométriques annuels de surveillance du développement et de dépistage des déficiences sensorielles.

3) Le contrôle général du milieu scolaire, le dépistage des maladies contagieuses, le suivi sanitaire du personnel enseignant.

Concernant les enfants, les déficiences ou inadaptations constatées sont consignées sur un *avertissement* aux familles invitées à consulter leur médecin de famille ; ce dernier renvoie l'avertissement au service avec ses propres observations.

2. **Structures du service.** — Les instructions de 1969 et de 1982 prévoient une structure à deux niveaux : le département et le secteur.

A) Au niveau départemental, le service de Santé scolaire est dirigé par un médecin placé sous l'autorité de l'inspecteur d'Académie. Il est secondé par une assistante sociale chef de santé scolaire et par une infirmière chef départementale.

B) Au niveau du secteur, le secteur de santé scolaire coïncide approximativement avec la circonscription d'enseignement primaire[1]. Il compte cinq à six mille élèves. L'équipe de secteur, chargée d'effectuer l'ensemble des tâches médicales et sociales, doit théoriquement comprendre un médecin, deux assistantes sociales, deux infirmières, une secrétaire médico-sociale.

En principe, un centre médico-scolaire existe dans chaque chef-lieu de secteur. Dans les établissements secondaires et les groupes scolaires importants, il existe des cabinets médicaux qui sont, en fait, de petits centres médico-sociaux. Ailleurs, en vertu du principe de polyvalence et de concentration des moyens, les centres médico-scolaires devaient fonctionner dans les dispensaires d'hygiène sociale ou centres médico-sociaux notamment.

Le Service de Santé scolaire se concerte avec le Service de Protection maternelle et infantile et le Service social de secteur ; à cet égard, les regroupements institués en 1964 et jusqu'en 1984, sous l'autorité du directeur des Affaires sanitaires et sociales, des différents services relevant autrefois d'administrations différentes, ont réalisé une unité de conception et de travail permettant de suivre, sans rupture, le développement de l'enfant dans son milieu familial. Cette unité devrait se poursuivre malgré l'éclatement des services.

IV. — L'enfance inadaptée

L'enfance inadaptée n'a pas, comme l'enfance abandonnée, suscité depuis des siècles la générosité publique. Ce n'est que récemment qu'une prise de conscience de ce problème s'est réellement faite, mais là encore, l'apparition et la vulgarisation rapide de la notion d'inadaptation et de son vocable entraînent des

1. Il ne doit pas être confondu avec la notion traditionnelle de « secteur de service social » (cf. p. 28).

représentations mentales qui rendent particulièrement délicate une clarification globale du problème. Cette clarification semble possible en procédant à une définition exhaustive de l'enfance inadaptée, à l'établissement d'un tableau d'ensemble des catégories d'inadaptations et de leur importance respective, enfin, à la description des caractéristiques de leur rééducation et des organismes qui lui sont consacrés.

Définition de l'enfance inadaptée. — Il s'agit d'enfants souffrant d'un handicap physique, sensoriel, mental ou caractériel, et qui ne peuvent s'adapter à une vie normale sur les plans familial, scolaire, professionnel ou social, sans un effort de réadaptation d'ordre éducatif, psychologique et médical.

1. **Catégories et importance des inadaptations.** — A) *Les déficients intellectuels.* — La déficience est définie par la méthode du quotient intellectuel (QI). Le quotient est le rapport de l'âge mental d'un individu à son âge réel. Un enfant normal a un âge mental correspondant à son âge réel, son quotient sera donc de 1. Chez les déficients intellectuels, le QI est inférieur à ce chiffre. Généralement, on admet que les déficients intellectuels légers ont un QI compris entre 0,85 et 0,65 ; les déficients intellectuels moyens se situent entre 0,65 et 0,50 ; les déficients intellectuels profonds ont un quotient inférieur à 0,50. Au-dessous de 0,30, il s'agit d'arriérés profonds.

Ces définitions n'ont que l'apparence de la rigueur. Les méthodes de calcul (tests) sont imprécises ; lorsque le QI est compris entre 0,85 et 1, les différences ont peu de sens. Ceci rend toute évaluation du nombre des déficients intellectuels aléatoire. On considère en général que les premiers représentent 2 à 4 % de leur classe d'âge, les deuxièmes 0,85 à 1 %, les troisièmes 0,50 à 0,60 % et les arriérés profonds 0,25 % environ.

B) *Les enfants caractériels.* — La définition de l'enfant dit caractériel est encore plus floue. Depuis 1950, on a substitué l'expression « troubles du comportement » à celle de « troubles du caractère » — ce qui regroupe les états réactionnels et les troubles d'allure névrotique ou psychotique. Il s'agit pour nous, et concrètement, des enfants qui posent des problèmes d'adaptation familiale et sociale que leurs parents ne peuvent résoudre. Selon le rapport Bloch-Lainé pour la préparation du VIe Plan d'Equipement social, ils représentent 5 % de leur classe d'âge ; ils intéressent le ministère de la Santé publique et celui de la Justice (protection judiciaire de la jeunesse).

C) *Les handicapés physiques.* — Ils peuvent être déficients sensoriels (visuels ou auditifs) ou handicapés moteurs. Leur importance numérique, exprimée en pourcentage de leur classe d'âge, serait, selon des évaluations concordantes, de 0,13 % pour les aveugles et amblyopes, 0,22 % pour les déficients auditifs et 1,75 % pour les handicapés moteurs (dont 0,75 % d'infirmes moteurs cérébraux d'intelligence normale).

2. **Caractéristiques de la rééducation.** — La rééducation des inadaptés requiert la collaboration de professionnels : éducateurs, psychologues et psychiatres, assistants sociaux, etc. L'évolution des techniques éducatives et thérapeutiques a imposé la spécialisation des établissements. A leur égard, l'Etat intervient par l'entremise de trois ministères :

1° Celui de l'*Education nationale* est compétent lorsque l'effort de réadaptation est d'abord du domaine de l'instruction : la prestation pédagogique est ici dominante.

2° Celui de la *Santé publique* est impliqué lorsque interviennent prioritairement des techniques sanitaires et psychosociales. Elles concernent les déficients intellectuels moyens et profonds, les arriérés profonds, les handicapés sensoriels et moteurs.

3° Celui de la *Justice* est compétent, par ses services de la protection judiciaire de la jeunesse, lorsque l'inadaptation (en général caractérielle) aboutit ou risque d'aboutir à une action judiciaire.

Ces trois ministères ont des méthodes contrastées : l'Education nationale constate un besoin, crée ses écoles et nomme les maîtres correspondants. La Santé publique crée rarement ses propres établissements. Le plus souvent, elle suscite des initiatives privées, qu'elle contrôle ou finance. La Justice emploie alternativement l'une ou l'autre méthode pour les internats, externats et services sociaux auxquels elle recourt.

3. **Organismes spécialisés.** — Pour les déficients intellectuels légers et certains moyens sans troubles associés, l'Education nationale dispose de classes spéciales, d'écoles et classes de perfectionnement.

Les caractériels ou pré-délinquants sont reçus par les Centres d'Observation et d'Action éducatives, les Instituts publics de protection judiciaire de la jeunesse, des services sociaux spécialisés, appartenant au ministère de la Justice ou habilités par lui.

Le ministère de la Santé et les collectivités locales assurent la mise en place d'un équipement de *prévention* (clubs de prévention), de *dépistage* (protection maternelle et infantile, santé scolaire, service social de secteur, consultations d'hygiène mentale infantile), de *traitement* (instituts médico-éducatifs, instituts, d'éducation sensorielle ou motrice), enfin de *réinsertion en milieu naturel* (foyers). Ces services et établissements sont souvent gérés par des associations privées : associations de sauvegarde de l'enfance, de parents d'enfants inadaptés, associations de paralysés ou d'aveugles, etc. Dans tous les cas, la collectivité publique prend en charge leurs frais de fonctionnement. Ainsi, qu'ils soient publics ou privés, ils sont régis par des règles analogues et financés par des fonds publics, soit en gestion directe, s'il s'agit de l'Education nationale soit sous la forme de prix de journée ou de dotation globale, réglés par la Sécurité sociale, ou par l'Aide sociale, dans les autres cas.

V. — L'Aide sociale à l'Enfance. Les mineurs concernés (ex-enfants assistés ou de « l'Assistance publique » ou enfin — abusivement — « enfants des DDASS »)

Sous ses appellations historiques successives de « Service des Enfants des Hôpitaux », de « Service des Enfants assistés », d' « Assistance à l'Enfance » et enfin d' « Aide sociale à l'Enfance », la vieille Assistance publique a vu s'élargir et se diversifier les situations d'enfants dont elle avait la charge. Six catégories d'enfants lui étaient confiées — ou étaient à sa charge financière. Il s'agissait : des enfants surveillés, des enfants secourus, des enfants recueillis temporairement, des enfants en garde, des pupilles de l'Etat et enfin des mineurs sous protection conjointe. Les lois du 6 juin 1984 et du 6 janvier 1986 ont transformé ce paysage.

A) Les anciennes catégories :

1. **Les enfants surveillés.** — Les uns sont dans leur famille, mais leurs conditions d'éducation étant compromises, le Service de l'Aide à l'Enfance exerce, en accord avec la famille ou en vertu d'un mandat judiciaire, une action éducative sur l'ensemble de la cellule familiale. Celle-ci est le fruit de l'action concertée de travailleurs sociaux : assistantes sociales, éduca-

teurs, travailleuses familiales. Ces mineurs sont ainsi maintenus dans leur cadre familial et social.

Les autres ne sont plus dans leur famille : ils ont été confiés à un particulier ou un établissement, soit en vue d'adoption, soit pour placement dans une autre famille, soit en raison de la déchéance de l'autorité parentale de leurs parents.

2. **Les enfants secourus.** — Ce sont ceux pour lesquels le service verse une allocation mensuelle qui peut se combiner avec une action éducative.

Cette forme d'aide sociale très ancienne avait initialement pour but d'éviter les abandons dus à la misère. Elle n'est pas tombée en désuétude malgré l'élévation du niveau de vie et les prestations familiales. Elle permet à un grand nombre de mères célibataires, de femmes seules ou divorcées, de familles en difficulté, d'élever leurs enfants avec moins de difficultés. Ainsi, la notion d'enfants secourus s'est considérablement élargie. On est passé de la notion de prévention des abandons physiques à celle d'entretien des enfants en situation financière difficile. Ces enfants font également l'objet d'une surveillance du service.

3. **Les enfants recueillis temporairement.** — Ces mineurs sont admis physiquement dans le service, avec l'accord des parents. Cela peut être dû à l'indisponibilité de la famille (maladie ou nouvelle maternité de la mère de famille), ou à l'incapacité morale des parents, « dépassés » par une situation psychosociale critique (enfants livrés à eux-mêmes et dont la santé, la moralité et l'éducation sont compromises par la mésentente conjugale, l'inconduite des parents, etc.). Ces enfants sont admis dans le service (foyer de l'enfance), mais les parents conservent leurs droits parentaux, ce qui leur permet de les voir et de les reprendre, le cas échéant.

4. **Les enfants en garde.** — Cette notion est liée à une décision judiciaire qui a retiré aux parents leur droit de garde (l'un des droits parentaux) pour le confier au Service de l'Aide à l'Enfance.

Cette mesure peut intervenir, soit à la suite d'un fait délictueux de la part des parents, soit d'un délit commis par le mineur (enfance délinquante), soit, enfin, dans le cadre plus large de l'assistance éducative.

Les enfants restent sous l'autorité de leurs parents pour les décisions importantes : mariage, émancipation, etc. Ils devraient leur être restitués, lorsque la situation s'est améliorée, mais parfois ceux-ci s'en désintéressent. Néanmoins, ces mineurs ne sont pas juridiquement adoptables.

Une autre catégorie d'enfants en garde a été créée par la loi de 1964 réformant la tutelle, et son décret d'application de 1974 : dès l'instant qu'il n'y a plus de tuteur, la tutelle devient vacante. Le juge des tutelles doit alors constater cette vacance et peut déférer la tutelle au président du conseil général (art. 433 du Code civil). L'enfant dont il s'agit est confié au service en qualité « d'enfant en garde ». Il ne faut pas confondre cette tutelle avec la tutelle des pupilles de l'Etat. Par rapport aux autres « enfants en garde », les enfants sous tutelle n'ont plus de parents. Par rapport aux « pupilles de l'Etat », ils ne sont pas juridiquement adoptables.

5. **Les pupilles de l'Etat.** — Les pupilles de l'Etat, au contraire, sont tous adoptables. La loi du 11 juillet 1966 a, en effet, profondément modifié la notion de pupille, liant les délais d'immatriculation dans le service et les délais d'adoption.

Selon l'article 61 du Code de la famille et de l'aide sociale, les pupilles sont classés en six groupes :

— enfants dont la filiation n'est pas établie ou est inconnue qui ont été recueillis par le service depuis plus de trois mois ;
— enfants dont la filiation est établie et connue, qui ont été expressément remis au service en vue de leur admission comme pupille par les personnes qui ont qualité pour consentir à leur adoption, depuis plus de trois mois ;
— enfants dont la filiation est établie et connue, qui ont été expressément remis au service depuis plus d'un an par leur père ou leur mère en vue de leur admission comme pupille et dont l'autre parent n'a pas fait connaître au service son intention d'en assumer la charge ;
— enfants orphelins de père et de mère, pour lesquels la tutelle n'est pas organisée et qui ont été confiés au service depuis plus de trois mois ;
— enfants dont les parents ont été déclarés déchus de l'autorité parentale et qui ont été confiés au service (art. 378, 378-1, 380 du Code civil) ;
— enfants confiés au service par le juge en application de l'article 350 du code civil (enfants déclarés abandonnés du fait du désintérêt manifeste des parents).

Ces « pupilles de l'Etat » ne sont pas à confondre avec les « pupilles de la Nation » qui sont des orphelins de guerre.

A l'égard des pupilles de l'Etat, le service dispose de tous les droits d'autorité parentale. La tutelle des pupilles appartient au préfet du département, qui peut déléguer ses pouvoirs au directeur départemental des Affaires sanitaires et sociales. Il est assisté d'un conseil de famille. Les fonctions de comptable des finances des pupilles sont confiées au trésorier-payeur général du département.

Il n'existe donc qu'un seul tuteur pour tous les pupilles du département. Bien que soient repris les deux principaux mécanismes de la tutelle de droit commun (tuteur et conseil de famille), il s'agit moins, en fait, de tutelle que d'autorité parentale, tant en ce qui concerne la personne des pupilles qu'en ce qui concerne leurs biens.

En ce qui concerne leur personne, le service est tenu aux obligations parentales : éducation et entretien. En ce qui concerne leurs biens, il en détient l'administration légale et la jouissance légale.

Le tuteur effectue seul les actes conservatoires ; il est assisté du conseil de famille pour les actes plus importants.

Le recours à des assistantes maternelles constitue le système traditionnel. Elles sont les collaborateurs privilégiés du service dans l'orientation et l'éducation des mineurs. De façon différente, les établissements spécialisés sont aussi les mandataires du service dans l'exercice de ses responsabilités éducatives.

Les problèmes éducatifs, et l'équipement humain et matériel mis en place pour les résoudre, sont les mêmes pour tous les mineurs admis dans le service.

6. **Les mineurs sous protection conjointe.** — Il s'agit des mineurs confiés par le juge des enfants directement à des particuliers ou à des établissements. Bien que non admis dans le Service de l'Aide à l'Enfance, ils relèvent de son action à un double titre : le service supporte l'intégralité de leurs frais de placement en établissement, ou d'entretien dans les familles d'accueil et, d'autre part, ces mineurs sont placés sous la protection conjointe du juge des enfants et du service de l'aide sociale à l'enfance, ce dernier ayant en outre le contrôle des établissements sur le plan éducatif, administratif, et financier.

7. **Observation sur l'évolution des effectifs.** — On assiste depuis une vingtaine d'années, à une diminution considérable de nombre des pupilles pour deux raisons :

— D'une part, parce que les abandons physiques précoces diminuent (ils sont remplacés par des abandons plus tardifs, insidieux et progressifs, à des âges où les enfants ne sont plus adoptables facilement).

— D'autre part, parce que les pupilles sont maintenant adoptés aussitôt. On peut même avancer paradoxalement qu'ils sont virtuellement adoptés avant même d'être nés, puisque les parents adoptifs attendent — pendant plusieurs années — de se voir confier un bébé.

Alors que diminue le nombre des pupilles on voit se déplacer parallèlement le nombre des mineurs placés sous la protection du service.

Ces mineurs ont gardé des liens, au moins juridiques, avec leur famille. Il s'ensuit que le service a vu se réduire son rôle traditionnel de tuteur d'enfants abandonnés, pour assumer, à l'égard d'autres mineurs, infiniment plus nombreux, une protection plus complexe, qui doit prendre en considération leur famille dans laquelle ils sont théoriquement destinés à revenir. C'est dans ce contexte qu'est intervenue la réforme de décentralisation.

B) La réforme consécutive à la décentralisation. — La loi du 22 juillet 1983 a transféré aux départements la plupart des prestations d'aide sociale et, notamment, l'aide sociale à l'enfance. Ce transfert a pris effet au 1er janvier 1984. Il a entraîné le partage des services de la Direction départementale des Affaires sanitaires et sociales, afin de placer sous la responsabilité directe du président du Conseil général les services mettant en œuvre les compétences attribuées au département. Il a donné lieu à une rénovation législative du titre II du Code de la Famille et de l'Aide sociale, pratiquement inchangé pendant un demi-siècle. Le fait que l'Etat participait de manière prépondérante (entre 78 et 97 %) aux dépenses d'aide sociale à l'enfance faisait qu'il préférait recourir à des circulaires pour adapter la pratique aux évolutions de la société, plutôt que de modifier le Code par la voie législative. Avec la réforme de décentralisation, il ne pouvait plus en être ainsi, seules la législation et la réglementation étant opposables aux collectivités locales. Trois lois importantes ont ainsi été votées : la loi du 6 juin 1984, celle du 6 janvier 1986 et celle du 10 juillet 1989.

1) *La loi du 6 juin 1984. Elle a deux objectifs :*

a) Préciser, dans le droit positif, les droits des familles dans leurs rapports avec le Service de l'Aide sociale à l'enfance. Ces droits, explicités par le décret 85-936 du 23 août 1985, sont les suivants : droit à l'information sur les conditions d'attribution et les conséquences de la prestation ; droit d'être accompagné de la personne de son choix, droit de donner son accord à toutes mesures concernant leurs enfants, droit de l'enfant d'être consulté, droit au réexamen des décisions, aucune décision ne pouvant être prise pour une durée supérieure à un an.

b) Redéfinir le statut de pupilles de l'Etat. Ce statut que le décret 85-937 du 23 août 1985 a précisé, peut être ainsi résumé :

— séparation de la fonction de gardien des pupilles de l'Etat assurée par le Service de l'Aide sociale à l'Enfance sous la responsabilité du président du Conseil général, et la fonction de tuteur des pupilles de l'Etat assumée par le préfet ;
— réduction des disparités du statut civil des pupilles de l'Etat par rapport aux autres enfants soumis à la

tutelle de droit commun, notamment avec l'existence d'un conseil de famille plus présent et plus impliqué dans l'avenir de l'enfant ;

— renforcement des voies de recours à l'encontre des décisions concernant les pupilles de l'Etat. L'admission à cette qualité, qui remplace l'immatriculation, peut faire l'objet d'un recours devant le tribunal administratif et devant le tribunal de grande instance ;

— clarification de la situation juridique des enfants admis en qualité de pupilles de l'Etat. L'article 61 du Code de la Famille et de l'Aide sociale énumère six cas où la qualité de pupilles peut être reconnue.

— accélération de la procédure en vue de l'adoption des pupilles de l'Etat, suppression de la référence à leur état de santé, priorité donnée à l'assistante maternelle, délivrance d'un agrément aux familles et personnes souhaitant adopter un pupille de l'Etat. Le décret 85-938 du 23 août 1985 a précisé des conditions d'agrément, lequel relève de la compétence du président du Conseil général.

2) *La loi du 6 janvier 1986*. — Elle a adapté le droit à la pratique, supprimant notamment les catégories d'enfants évoquées ci-dessus. Elle précise les missions du Service de l'Aide sociale à l'enfance, les prestations qu'il peut accorder, l'organisation du service.

a) *Les missions*. — L'article 40 du Code de la Famille et de l'Aide sociale en recense quatre :

— aider les enfants dans leur famille en leur apportant un soutien matériel, éducatif et psychologique, si nécessaire en urgence ;

— mener des actions de prévention dans les lieux où se manifestent des risques d'inadaptation, de marginalisation, de désinsertion sociale ;

— pouvoir aux besoins et à l'orientation des mineurs qui sont confiés au service ;
— mener des actions de prévention des mauvais traitements aux mineurs.

b) *Les prestations.* — La loi distingue, conformément aux missions, trois types de prestations :

1) Une aide à domicile. Elle peut prendre la forme d'une intervention d'une travailleuse familiale ou d'une aide ménagère dans la famille, d'une intervention d'un service d'action éducative, le versement d'aides financières : secours exceptionnels, allocations mensuelles, éventuellement remboursables.

Elle peut être accordée à la famille du mineur ou à la personne qui en a la charge effective, aux femmes enceintes confrontées à des difficultés médicales, sociales, financières, aux mineurs émancipés et aux majeurs de moins de 21 ans confrontés à des difficultés sociales.

2) Une participation du département aux actions visant à prévenir la marginalisation des jeunes et des familles et à faciliter leurs insertion et promotion sociales. A cet effet, le président du Conseil général habilite notamment des clubs et équipes de prévention.

3) L'entretien et l'hébergement, soit dans des familles d'accueil, soit dans des établissements :

— des mineurs qui ne peuvent être maintenus dans leur milieu de vie habituel ;
— des pupilles de l'Etat ;
— des mineurs confiés au service par l'autorité judiciaire, en vertu des dispositions du Code civil ou de l'ordonnance du 2 février 1945 relative à l'enfance délinquante ;
— des femmes enceintes et des mères isolées, avec leurs enfants de moins de trois ans qui ont besoin d'un soutien matériel et psychologique ;

— des mineurs émancipés et des majeurs âgés de moins de 21 ans éprouvant des difficultés, faute de ressources ou d'un soutien familial suffisants.

Le président du Conseil général peut réclamer aux familles bénéficiaires d'une aide sociale à l'enfance une participation financière. Un plafond à cette contribution est fixé par décret (25 novembre 1987). L'article 85 du Code de la Famille et de l'Aide sociale rappelle par ailleurs que le département prend en charge financièrement les mesures décidées par l'autorité judiciaire à l'égard des mineurs. Le département compétent est celui du siège de la juridiction qui a pris la mesure. En dehors de ces cas, les prestations sont accordées par décision du président du Conseil général du département où la demande est présentée. Elles sont à la charge définitive de ce département.

c) *L'organisation du service.* — Le Service de l'Aide sociale à l'enfance est un service non personnalisé du département. Il doit disposer des moyens nécessaires à l'accueil et à l'hébergement, notamment d'urgence, de mineurs ou de jeunes femmes. Le département peut soit créer ses propres établissements (foyer de l'enfance), soit recruter ses propres assistantes maternelles, soit habiliter des établissements et services de statut public ou privé à fournir des prestations en nature ou à assurer des placements, soit passer convention avec d'autres départements disposant d'équipements suffisants.

Le président du Conseil général assure le contrôle des établissements et services qu'il a habilités. Il fixe leur tarification. De même, il autorise et contrôle les œuvres qui servent d'intermédiaire pour l'adoption d'enfants. L'exécutif départemental assure également la surveillance des mineurs placés hors du domicile parental, autorise toute personne à recevoir des mineurs, peut interdire des projets ne répondant pas aux exigences de la santé physique et mentale des enfants.

Cette ambitieuse réforme précise mieux les missions fondamentales de l'Aide sociale à l'enfance qui, au-delà des prestations qu'elle délivre, a la responsabilité du devenir des enfants en difficulté du département. Elle met l'accent sur les actions de prévention individuelle et collective nécessaires.

Si elle précise mieux les missions, la loi adopte un parti de souplesse à l'égard des moyens à mettre en œuvre. Elle n'oblige plus à la création de tel ou tel équipement spécifique : foyer, hôtel maternel. Ce parti évite de figer l'évolution future, mais sa réussite est liée à la conception que se font les conseils généraux de leurs responsabilités à l'égard des enfants.

3) *La loi du 10 juillet 1989.* — Elle a défini un dispositif de protection des enfants maltraités et de prévention des mauvais traitements :

— une organisation départementale à l'initiative du président du Conseil général, fondée sur des actions d'information et de sensibilisation et, sur un dispositif de recueil d'informations et une coordination.

— un service national d'accueil téléphonique créé par l'Etat, et les départements, sous la forme d'un groupement d'intérêt public et fonctionnant vingt-quatre heures sur vingt-quatre (05 05 4141). Un comité technique assiste ce service dont les coordonnées téléphoniques doivent être affichées dans les lieux que fréquentent les mineurs.

VI. — Les institutions sociales préventives du Service de l'Aide à l'Enfance

1. **Le Service social de secteur**[1]. — Les interventions préventives en faveur de l'enfance, les contacts avec les familles en difficulté, le dépistage des mineurs en danger ou inadaptés reposent au départ sur le Service social polyvalent de secteur et de circonscription.

Le secteur de Service social regroupe quatre à cinq mille habitants. Il est confié à un assistant de service social appartenant le plus souvent au service public départemental ou à un service conventionné (Mutualité sociale agricole, Caisse d'Allocations familiales, etc.) exerçant ses activités de service public dans le cadre de la coordination des services sociaux.

La circonscription de Service social regroupe dix à quinze secteurs. A ce niveau, sont placées les assistantes sociales spécialisées dans les disciplines particulières telles que, pour ce qui nous concerne, l'aide préventive à l'enfance, la visite des placements familiaux, l'hygiène mentale, etc.

2. **Le service social de Prévention.** — Il doit exister au niveau départemental, depuis le décret du 7 janvier 1959, un service social spécialisé dit de prévention, conseiller ou relais du Service social de secteur, lorsque ce dernier ne peut seul apporter de réponse aux situations.

Comme le Service social de secteur, mais avec des moyens plus étendus, le *Service de Prévention* s'attache à maintenir le plus longtemps possible la cohésion du milieu familial. Ses moyens d'aide sont l'action éducative (qui peut être confiée à un service spécialisé) et l'attribution d'allocations mensuelles. Si ces mesures

1. Cf. *Les travailleurs sociaux*, « Que sais-je ? », n° 1173.

sont insuffisantes, ces enfants peuvent être admis dans le service avec l'accord de leurs parents. S'il y a refus de la famille et lorsque la santé, la moralité et les conditions de l'éducation des enfants sont gravement compromises, un « signalement » peut être fait au juge des enfants. Ce magistrat peut alors passer outre au refus des parents et prononcer une mesure de retrait des enfants qui sont alors confiés au Service de l'Enfance ou placés sous protection conjointe dans un établissement public ou privé habilité.

La *protection sociale,* exercée par le Service de l'Aide à l'Enfance sous l'autorité du président du Conseil général, passe ainsi la main à la *protection judiciaire,* exercée par le juge des enfants. Ces deux responsables doivent travailler en étroite collaboration. Normalement, la *protection sociale* intervient la première. Elle s'efface devant la *protection judiciaire,* en cas de danger immédiat, en cas d'échec de la protection sociale par suite du refus des parents ou de leur accord trop sujet à revirements, en cas de conflits au sein de la famille ou à l'égard du service, enfin dans les cas où une sanction plus grave s'impose : répression d'un délit ou déchéance des droits d'autorité parentale.

3. **Le Conseil départemental de Protection de l'Enfance**[1]. — Ces deux volets, protection sociale et protection judiciaire, ont constitué en 1958-1959, une innovation d'une grande portée. Le législateur a voulu en outre étendre la concertation, au-delà du juge des enfants et de l'inspecteur chargé de l'enfance, à ceux qui, dans le département, concourent ou portent un intérêt aux problèmes de l'enfance. C'est ainsi qu'a été institué le Conseil départemental de Protection de l'Enfance.

1. Un projet de décret en cours d'élaboration devrait préciser ses missions dans le contexte de la décentralisation.

Il comprend : le préfet ou son représentant, le directeur des Affaires sanitaires et sociales, l'inspecteur d'Académie, l'inspecteur de la Jeunesse et des Sports, des représentants des services de police, des caisses d'allocations familiales et d'associations de jeunesse, etc., des magistrats, le juge des enfants et des personnes qualifiées.

Le Conseil peut être un centre d'études et d'action coordonnées des initiatives à prendre en faveur de l'enfance.

D'une manière plus précise, le conseil donne son avis au préfet, veille aux conditions de l'emploi des enfants dans le spectacle ou la publicité, à l'interdiction aux mineurs de 18 ans de certains établissements de spectacle, etc.

Le Conseil départemental de Protection de l'Enfance peut être, pour les responsables de l'enfance, un lieu d'ouverture sur l'extérieur et de collaboration avec ceux qui, à des titres divers, participent à la sauvegarde de l'enfance et de la jeunesse dans l'ensemble du département.

VII. — L' « abandon » d'enfants[1]

Le grave problème de l'abandon doit être, semble-t-il, appréhendé à un double niveau : celui des institutions qui le préviennent ou le permettent, selon le libre choix de la mère et celui de sa psychosociologie actuelle.

1. **Les institutions qui préviennent ou permettent l'abandon.** — A) *Accouchement secret.* — Il faut d'abord signaler que toute femme enceinte peut accoucher en secret dans n'importe quel hôpital ou maternité publique, qui ne peut refuser de la recevoir, pendant le mois qui précède et le mois qui suit son

1. La loi du 6 juin 1984 a « abandonné » le terme d'abandon le remplaçant par celui de « remise aux fins d'adoption ».

accouchement. Elle demande alors le secret de son admission. Aucune pièce d'identité n'est exigée et il n'est procédé à aucun contrôle. Les frais d'hospitalisation sont pris en charge par l'Aide sociale à l'Enfance. Cet accouchement, en raison de son anonymat, est dit « accouchement sous X ».

En principe, la future mère doit s'adresser d'abord à la maison maternelle du département, s'il y a des places vacantes.

L'enfant est déclaré à l'état civil (dans les trois jours de la naissance selon le Code civil) sous trois prénoms.

A sa sortie de l'hôpital, la mère peut emmener son enfant, le reconnaître et lui donner son nom. Sinon, il est remis au Service de l'Aide sociale à l'Enfance qui le fait adopter.

B) *Les bureaux ouverts.* — L'abandon d'un enfant sans s'assurer au préalable qu'il sera recueilli est un délit visé au Code pénal (art. 349 à 353) sous le terme d' « exposition » ou de « délaissement ». En fait, c'est le danger que l'abandon fait courir à l'enfant qui est sanctionné, et non le rejet d'une obligation parentale.

Dès lors, les abandons ont été organisés, pour éviter le danger qu'ils feraient courir aux enfants, tout en sauvegardant le secret dont les auteurs de l'acte tiennent à être assurés. Ce fut, pendant plusieurs siècles, le système dit du « tour ».

Un décret de 1811 lui donnait une reconnaissance officielle. Le tour était une espèce d'armoire ronde et tournante, posée dans l'épaisseur d'un mur, à l'entrée des hospices d'enfants trouvés, et destinée à recevoir les enfants qu'on voulait y introduire sans être vu.

Le tour était une amélioration du système de la « roue » que le pape Innocent II fit construire, à ses frais, en 1168, à l'hôpital San Spirito de Rome ; l'usage s'en répandit dans tous les hôpitaux de la péninsule, avant d'être interdit par une loi de 1923.

Ce système qui permet « d'abandonner un enfant sans que l'on puisse distinguer le visage de la mère pécheresse » provoqua l'admiration du poète Lamartine qui le définit comme « une ingénieuse invention de la charité chrétienne, ayant des mains pour recevoir, mais pas d'yeux pour voir, ni de bouche pour parler ».

C'était aussi la faiblesse du système, de n'avoir pas de bouche pour parler, car s'il autorisait l'anonymat, il ne permettait aucun contact et, partant, aucune offre de secours de nature à décourager cet abandon.

C'est pourquoi la loi de 1904 a organisé dans chaque département « un bureau d'abandon ouvert de jour et de nuit ». Les enfants y sont présentés en secret sans autre témoin que la préposée aux admissions.

Celle-ci rappelle à la personne qui se présente les mesures instituées par la loi en faveur des mères en difficulté.

Elle l'informe des conséquences de l'abandon (secret du placement, rupture des liens entre les parents et l'enfant, admission comme pupille et adoption après le délai de trois mois ou un an, etc.).

Un procès-verbal de remise de l'enfant aux fins d'adoption est établi.

La personne qui se présente peut refuser de donner quelque renseignement que ce soit. La remise aux fins d'adoption peut aussi être sollicitée directement au service par les autorités locales (maire, commissaire de police), ou des personnes connaissant des enfants abandonnés (voisin, assistante maternelle impayée, etc.).

C) *Les centres maternels* comprennent :

1) *Les maisons maternelles.* — L'institution des maisons maternelles a été conçue, de façon toute théorique il est vrai, à l'époque révolutionnaire.

C'est un siècle plus tard que virent le jour les premières réalisations. Leur consécration légale n'intervint qu'avec le Code de la Famille de 1939.

Ces établissements accueillent sans formalités toute femme enceinte d'au moins sept mois, ou de moins de sept mois si elle réclame le secret de la naissance et se trouve sans ressources. Leur rôle est d'abord de fournir de bonnes conditions de vie à la mère, pendant les mois qui précèdent la naissance, à elle-même et à son enfant pendant les trois mois qui suivent.

La jeune mère est invitée, sans moralisme désuet, à « faire le point » sur elle-même, à envisager son reclassement social et professionnel, à trouver la meilleure solution possible pour élever son enfant elle-même, si elle s'en reconnaît capable.

Dans la négative, elle peut placer son enfant chez une assistante maternelle ou le confier au Service de l'Aide sociale, soit temporairement, soit définitivement, en qualité de pupille, pour être adopté.

2) *Les hôtels maternels.* — Accueillant les jeunes mères à leur sortie des maisons maternelles, les hôtels maternels leur assurent un relais supplémentaire pour les aider à se reclasser. Elles y trouvent l'hébergement complet et l'accueil de leur enfant. Elles doivent travailler à l'extérieur et verser à l'établissement une participation financière proportionnelle à leurs ressources.

Maisons et hôtels maternels, par l'appui matériel et moral qu'ils apportent, constituent un moyen de réadaptation sociale, de lutte contre les abandons irréfléchis d'enfants, en même temps que de lutte contre le danger de prostitution qui guette certaines jeunes mères à ce moment difficile de leur vie.

2. **Données psychosociologiques actuelles de l'abandon.** — Avant même de se poser en termes de psychologie et de sociologie, le problème de l'abandon se pose

d'abord en termes statistiques : il y a plusieurs dizaines d'années, la grande majorité des enfants étaient abandonnés physiquement, pendant leurs premiers mois d'existence. Actuellement, le nombre des abandons physiques précoces, au cours des premiers mois, est insignifiant par rapport à celui des abandons moraux, tardifs, qu'il s'agisse d'enfants recueillis temporairement ou d'enfants confiés au service par le juge des enfants.

En 1992, 500 000 enfants environ sont placés sous la protection des Services de l'Aide à l'Enfance. Un peu plus de la moitié d'entre eux ont été retirés de leur famille par décision administrative ou par décision judiciaire. Ils ne sont pas pour autant pupilles de l'Etat, ce qui les rend inadoptables, bien que cent mille d'entre eux environ, selon des évaluations concordantes, soient pratiquement abandonnés par leurs parents.

Ainsi, l'Aide sociale à l'Enfance aurait atteint son premier but qui était de tarir les sources de l'abandon précoce. Mais on doit constater aussitôt qu'elle semble en avoir reculé l'échéance ; elle aurait alors remplacé l'abandon physique précoce par un abandon moral différé et progressif, à un âge où l'enfant, devenu plus grand, ayant subi la vie hasardeuse de parents asociaux ou l'hébergement de nourrices de fortune, serait trop perturbé pour se réadapter facilement à une vie familiale et sociale normale.

Bien que chaque éventualité d'abandon pose un problème humain unique, on peut cependant en distinguer plusieurs sortes, qui posent divers problèmes éthiques ou juridiques : l'abandon sous contrainte, l'abandon plus ou moins désiré, enfin le plus courant, le désintérêt moral insidieux et progressif dont sont victimes la majorité des mineurs confiés au service ou aux œuvres sociales.

A) *L'abandon sous contrainte.* — Face à une naissance non désirée, la jeune mère peut être conduite à plusieurs solutions, selon les pressions qu'elle subit, le fait qu'elle a pu ou non se résoudre à l'avortement, ses relations avec sa famille ou avec le père de son enfant, la crainte de l'avenir.

Dans la vie actuelle, les femmes trouvent la liberté sexuelle et un affranchissement des tabous. En revanche, elles n'y trouvent plus l'aide humaine dont elles ont besoin lorsqu'elles sont en difficulté. Dans un grand ensemble, qui se soucie du sort de sa voisine de palier ? Si l'aide sociale vient à manquer, ou si elle est inadaptée, parce que impersonnelle, le désarroi de certaines femmes est total.

Elles peuvent être conduites à un abandon auquel elles n'ont pas pleinement consenti, sous la pression d'un « ami » ou de zélateurs trop empressés de l'adoption.

C'est pour elles que la loi a prévu le délai de trois mois, pendant lequel elles peuvent retirer leur enfant au Service d'Aide sociale à l'Enfance, sans formalités. Elles peuvent ainsi revenir « à froid » sur leur décision. Il ne saurait être question de les pousser dans un sens ou dans l'autre, mais bien plutôt de les apaiser pour chercher avec elles la meilleure solution pour l'enfant.

B) *L'abandon plus ou moins désiré.* — Pour éviter d'avoir à faire face à des situations à résoudre d'urgence, c'est bien avant la naissance que la future mère doit être aidée. Si elle fait preuve d'une personnalité instable à la vie affective agitée, il faut qu'elle soit l'objet d'une observation médico-psychosociale, afin qu'elle puisse être située, par l'étude de ses antécédents, les relations éventuelles qu'elle peut avoir avec d'autres enfants, la qualité de la relation qu'elle paraît vouloir ou pouvoir nouer avec son enfant. « La "fibre" maternelle, si elle a sans doute des bases hormonales, comporte également des bases psychologiques et tout un conditionnement socio-économique », écrit le professeur Soulé, neuropsychiatre éminent.

C'est un diagnostic qui devrait pouvoir être établi, après quoi la future mère pourrait être aidée en fonction de sa propre personnalité, et non en fonction de la personne « aidante » toujours prête à se « projeter », à s'identifier à la personne aidée, à lui prêter ses propres sentiments.

Cette forme d'aide pré- et postnatale est maintenant couramment pratiquée dans les maisons maternelles. Mais, en définitive, il n'y séjourne qu'un faible pourcentage de mères célibataires, ou de femmes en situation matrimoniale difficile.

Les autres doivent être rencontrées et aidées, dans le cours de leur vie quotidienne, par les services médicaux et sociaux qu'elles sont appelées à rencontrer pendant leur grossesse. Chez certaines, la majorité, on trouve le désir sincère d'élever leur enfant. Tout doit être fait pour les y aider : aide matérielle et soutien moral doivent être largement dispensés. Chez les autres, au contraire, la notion d'abandon vient spontanément à leur conscience. Rien ne doit être fait pour les en dissuader, car le plus souvent, l'enfant, non abandonné à un âge propice pour l'adoption ou l'insertion dans une famille affectueuse, fera l'objet d'un abandon moral gravement dommageable pour son équilibre.

Trop de jeunes mères, après avoir pris sereinement une décision d'abandon, parce qu'elles ont pris conscience du fait que c'était la meilleure solution pour l'enfant, sont l'objet d'une pression sociale qui s'exerce contre elles pour les faire renoncer à leur projet. « Souvent, écrit encore le professeur Soulé, dans les maternités, elles sont l'objet d'un ostracisme, d'une réprobation, voire d'une mise en quarantaine qui est le fait tant des mères que du personnel soignant... Le public, les journaux, poussent dans le même sens, car il s'agit d'un domaine où l'on peut se donner bonne conscience en réprouvant l'attitude d'une femme qui n'assure pas les devoirs de la maternité. ».

C) *L'abandon moral progressif.* — S'il ne saurait être question de pousser une mère à une décision d'abandon, l'endoctriner dans une attitude inverse est faire œuvre néfaste pour l'enfant. Le plus souvent, on l'a vu, il ne sera pas élevé par sa mère : elle le confiera à une assistante maternelle, prise au hasard, souvent non agréée. Celle-ci, non rétribuée, le rendra après quelques mois à la mère, qui le confiera à une autre. Cette dernière, ou la mère elle-même, finira par le confier à l'Aide sociale à l'Enfance. Si elle le reprend, après un mariage ou durant un concubinage, les conditions de vie de l'enfant seront quelquefois telles que le juge des enfants devra à nouveau confier le mineur au Service de l'Aide à l'Enfance.

L'enfant grandit. Il est privé d'adoption à l'époque la plus favorable pour lui (avant deux ans), et sans doute définitivement. Car, n'étant pas abandonné, il garde des liens juridiques avec ses parents et n'est donc pas adoptable. Il va grossir les rangs des cent mille enfants cités ci-dessus.

Certes, la loi du 11 juillet 1966 portant réforme de l'adoption a prévu qu'un tel enfant peut être déclaré abandonné par le tribunal après un an de désintérêt total de la part des parents (art. 350 du Code civil). Mais cette procédure utilisée par les services de l'aide à l'enfance, n'aboutit pas toujours, en raison de l'attachement des tribunaux à la conception ancestrale de la famille et des « droits des parents ». Ceux-ci brandissent l'idée qu'ils se font de leurs droits avec d'autant plus de vigueur qu'ils ont méconnu les devoirs correspondants. Ils arrivent ainsi souvent à infléchir en leur faveur un pouvoir judiciaire mal informé des données psychosociologiques de l'abandon.

Une circulaire du garde des Sceaux du 30 avril 1974 réagit contre cette tendance et la loi du 22 décembre 1976 clarifie les conditions d'application de l'article 350 du Code civil. Elle précise notamment que le désintérêt des parents est manifeste lorsqu'ils n'ont pas entretenu avec l'enfant les relations nécessaires au maintien des liens affectifs ; elle ajoute qu'une demande de nouvelles ou l'intention exprimée de reprendre l'enfant non suivie d'effet n'est pas une marque d'intérêt suffisante.

VIII. — La vie des mineurs dans le Service de l'Aide à l'Enfance

Mis à part les essais de placements familiaux expérimentaux notamment par saint Vincent de Paul, on peut dire que la vie des mineurs dans le service était essentiellement vouée à « l'hospice-orphelinat ». Ils y étaient élevés jusqu'à leur majorité, souvent avec les vieillards et les infirmes sans ressources.

Les assemblées révolutionnaires voulurent substituer le placement familial au placement hospitalier. De l'hospice-orphelinat, on s'achemina vers l'hospice dépositaire, où les enfants n'étaient ramenés qu'en cas de maladie ou d'infirmité. Cette saine réaction du Directoire contre l'hospice-orphelinat s'est prolongée par le souci permanent des législateurs successifs de réduire le rôle de l'hospice dépositaire à celui d'un centre de passage où les enfants ne devaient pas être maintenus sans nécessité.

Ainsi se dessina progressivement la vocation des *foyers de l'enfance* où sont accueillis les mineurs physiquement admis dans le service ; de là, ils sont dirigés soit vers un placement familial, soit vers un placement en établissement. Dans l'un ou dans l'autre, ils ont, autant que possible, la vie des mineurs de leur âge — jusqu'à leur sortie du service.

1. **Le foyer de l'enfance.** — Depuis 1943, chaque département doit avoir un ou plusieurs foyers occupant des locaux adaptés indépendants des quartiers d'hôpitaux dont ils sont historiquement issus. Ils disposent d'un personnel d'encadrement administratif, médical, para-médical et technique (éducateurs spécialisés, psychologues, moniteurs éducateurs, enfants, etc.).

Les mineurs entrant au service, peuvent passer par le foyer de l'enfance, pour y être observés et orientés. Un bilan est fait de leurs capacités, de leur potentiel de développement, de l'avenir qu'on peut escompter. Le responsable du service, à partir de la solution intervenue en réunion de synthèse, prend la décision de placement du mineur : il s'agit alors, soit d'un placement familial, soit d'un placement en établissement.

2. **Le placement familial.** — Les pays latins ont toujours eu une préférence instinctive pour le placement familial, contrairement aux pays anglo-saxons, par exemple, qui lui préféraient le placement institutionnel, et les travaux de Splitz, Bowlby et Aubry sur l'hospitalisme confirmèrent le bien-fondé de notre intuition. On peut affirmer à leur suite, avec l'expérience acquise, qu'un enfant élevé en famille aura toujours un développement bio-psycho-affectif supérieur à celui qu'il aurait eu dans un établissement. En effet, le placement familial résout, à son échelle, la plupart des problèmes qui se posent à chaque enfant. Mais les placements

familiaux ne sont pas tous identiques ; le service doit procéder à un choix des familles d'accueil et les aider à assumer leur rôle.

A) *Différents types de placements familiaux.* — Citons, pour mémoire, le placement « libre », effectué par entente directe entre la mère et l'assistante maternelle. Celle-ci doit être agréée par le Service de Protection maternelle et infantile. Ce genre de placement libre peut être encouragé par le Service de l'Enfance, pour résoudre certains cas sociaux difficiles. Une allocation mensuelle peut être accordée à la mère ou même directement à l'assistante maternelle.

Les placements réalisés par le service lui-même sont à court ou long terme, selon qu'il s'agit d'enfants dont l'analyse de la situation permet d'escompter une intégration familiale durable. Le placement familial à long terme est aussi exigeant qu'un placement en vue d'adoption sous l'angle des qualités que l'on doit exiger de la famille d'accueil.

B) *Garanties de la famille d'accueil.* — L'enfant doit trouver dans son nouveau milieu le calme et la sécurité affective. A cet égard, des placements à la campagne, avec leur nourriture saine, une vie régulière au grand air, ont permis à certains de s'intégrer rapidement. Beaucoup de mères de familles rurales affectueuses comprennent instinctivement les enfants perturbés et réussissent, par une bonté généreuse, des sauvetages que les « techniciens » avaient manqués. Ces placements doivent néanmoins être situés à proximité des centres urbains où se trouvent les débouchés scolaires et professionnels, et complétés par d'autres types de famille d'accueil, toujours de milieux simples (ouvriers spécialisés, artisans, petits commerçants) ayant un style de vie et des loisirs (jardin, camping, bricolage) qui offrent à l'enfant des modèles de référence.

L'enfant doit en effet trouver dans sa famille d'accueil des possibilités d'identification à des images parentales nouvelles et valables. On recherche donc de préférence des familles dont les deux parents sont présents, d'autant plus que la présence active et l'autorité d'un père seront indispensables.

Les frères et sœurs sont regroupés dans une même famille, à défaut dans une même agglomération. Les enfants des familles d'accueil peuvent être un facteur d'intégration.

La nocivité des changements de placement est connue. Les placements sont sélectionnés, mais, quels que soient les critères de choix, la part de l'aléa reste grande ; en cas d'insuccès, la difficulté est de savoir si le dommage le plus grand réside dans le changement de famille ou le maintien dans une famille mal adaptée à l'enfant dont il s'agit[1].

C) *Recrutement et rôle des familles d'accueil.* — Les familles d'accueil reçoivent une rémunération mensuelle, fixée par le président du Conseil général, et bon nombre de familles sont candidates. Beaucoup de femmes souhaitent ainsi, en restant chez elles, obtenir une rémunération personnelle.

Ces motivations ne sont pas totalement à rejeter *a priori,* mais elles ne doivent pas être les seules à intervenir. Elles seront complétées par des idéaux plus élevés, d'ordre maternel et éducatif. C'est au service qu'il appartient de juger de chaque cas après enquête sur place approfondie.

1. On connaît l'aphorisme célèbre : il n'y a pas de placement familial bon en soi ; il y a un placement bon pour chaque type d'enfants, voire pour chaque enfant en particulier.

Choisies avec soin pour leurs qualités morales et éducatives, les familles d'accueil sont suivies et aidées par les travailleurs sociaux du service. Beaucoup de problèmes se posent, notamment celui des relations avec la famille d'origine de l'enfant. Si les contacts sont étroits, il se produit une bipolarisation affective chez l'enfant qui est partagé entre des modèles différents et souvent antagonistes. C'est la raison pour laquelle les visites de la famille d'origine sont organisées en fonction du climat éducatif et des circonstances du recueil de l'enfant.

La fréquentation scolaire, l'éducation religieuse éventuelle, l'orientation professionnelle sont également réglées par le service, en collaboration avec la famille d'accueil, avec le consensus de la famille d'origine si elle existe et veut collaborer, et après avis de ceux qui participent à l'éducation et à l'orientation de l'enfant (instituteurs, psychologues, orienteurs professionnels, etc.).

En dehors de ces placements familiaux, certaines expériences conduisent à organiser des placements spécialisés pour mineurs handicapés moteurs ou déficients intellectuels. La sélection des familles nécessite un soin particulier, et l'organisation de ces placements s'effectue autour d'un « pivot » administratif, médical et éducatif structuré, pour conseiller les familles et suivre les mineurs. Ceux-ci bénéficient ainsi de la chaleur d'une famille, loin du désert affectif d'un hôpital, tout en bénéficiant de la visite et des soins quotidiens d'une équipe itinérante d'intervention à domicile.

D) *Les assistantes maternelles.* — La loi du 17 mai 1977 créant les « assistantes maternelles »[1] est applicable aux familles d'accueil de l'aide à l'enfance — bien que le rôle de ces dernières — qui sont des substituts parentaux temporaires ou définitifs — soit différent

1. En 1992 le gouvernement annonce une refonte de cette loi.

de celui des « gardiennes d'enfants » auxquelles ont recours des particuliers. Cela permet à toutes les assistantes maternelles (qu'elles dépendent de particuliers, d'une crèche familiale ou des services de l'Aide sociale à l'Enfance) de bénéficier des dispositions d'un statut légal qui leur assure des droits sociaux : assurances sociales, retraite, allocations chômage ou de perte d'emploi, formation professionnelle, etc.

3. **Le placement en établissement.** — Les difficultés que rencontre le Service de l'Aide sociale à l'Enfance proviennent en grande partie du fait que les mineurs qui lui sont confiés ont une famille d'origine, ce qui complique, on l'a vu, les donnée de leur orientation et laisse planer l'incertitude quant à la durée de leur placement (même si la restitution n'intervient jamais). Deux autres facteurs agissent négativement dans le même sens :

— ces mineurs sont de plus en plus âgés ;
— ils sont — en grand nombre — inadaptés ou perturbés par leurs conditions de vie antérieures.

Pour ces raisons, le choix d'un placement familial ordinaire doit parfois être écarté soit au profit d'une formule de placement familial spécialisé tel qu'on vient de l'évoquer, soit au profit d'un placement en établissement.

Les mineurs ne présentant pas de troubles particuliers peuvent être orientés vers un internat scolaire, un établissement à caractère social ou un foyer de jeunes travailleurs.

Les mineurs malades ou inadaptés sont dirigés soit vers une institution à caractère sanitaire (aériums, instituts de réadaptation fonctionnelle, etc.), soit vers un établissement spécialisé (institut médico-éducatif), soit enfin vers un institut de rééducation pour troubles du comportement.

4. **Sortie des mineurs du service.** — La protection du service prend fin :

— soit par décision des parents ;
— soit par décision de l'autorité judiciaire qui a prescrit le placement ;
— pour les pupilles, par accession à la majorité, émancipation, remise aux parents, mariage ou adoption ; ces trois dernières décisions sont prises par le tuteur, avec l'accord du conseil de famille.

Dans tous les cas, la restitution à la famille d'origine pose des problèmes affectifs du même ordre que ceux qu'avait produits la première *transplantation* ; c'est alors que l'intérêt de l'enfant doit être considéré comme primordial. La sortie du service par émancipation (peu fréquente), mariage ou majorité, n'appelle pas de commentaires particuliers. Le mineur reçoit son « compte de tutelle », relevé de ses gains, économies, produit de successions éventuelles, etc., qui a été tenu par le trésorier-payeur du département.

Devenu majeur, il peut adhérer à l'Association des Pupilles et Anciens Pupilles du Département, groupement d'entraide et de solidarité qui reçoit l'appui des pouvoirs publics.

L'adoption qui consiste à donner un enfant à une famille sans enfants, et une famille à un enfant sans famille, jouit actuellement d'une faveur sans précédent ; le nombre de parents candidats s'accroît au fur et à mesure que décroît le nombre des enfants adoptables. On retrouve ici le problème de l'abandon tardif et insidieux qui rend les enfants juridiquement inadoptables. D'autres éléments raréfient la source des abandons précoces qui sont la première phase de l'adoption : le climat de culpabilité qui entoure cet acte, on l'a déjà noté, la diffusion autorisée des méthodes contraceptives et les possibilités légales d'avortement.

On rencontre de plus en plus, cependant, de jeunes mères qui choisissent délibérément l'abandon à la naissance comme une alternative à l'avortement, lorsqu'elles se sentent incapables d'élever l'enfant qu'elles ne désiraient pas. En fait, leur enfant n'est pas abandonné, puisqu'il est attendu par des dizaines de couples adoptifs : il est mis en état légal d'adoptabilité. Dès lors, l'acte improprement et tristement appelé abandon peut apparaître comme un choix, certes déchirant, mais généreux et positif, en faveur de l'enfant et de la vie.

5. **L'adoption.** — Le problème de l'adoption se situe actuellement à un double niveau : psychosocial et juridique. Le premier niveau conduit à sélectionner adoptés et adoptants pour « réussir » une nouvelle famille. Il n'est pas réglé par la loi mais par l'expérience sociale et humaine des responsables. Le second niveau découle de la loi du 11 juillet 1966 qui a reclassé les pupilles de l'Etat et les a rendus tous adoptables.

A) *Aspect psychosocial.* — L'idée qu'il faille sélectionner les adoptants peut paraître choquante ; mais il faut bien savoir que l'adoption est acte d'amour gratuit, « chèque en blanc » sur un enfant dont il faut accepter d'emblée et d'avance un passé brouillé et un avenir incertain. Les candidats à l'adoption doivent être sérieusement éclairés sur ces exigences, de même que sur leurs motivations profondes (désir de combler un « vide » affectif, etc.). Le fait que ces futurs parents soient quatre ou cinq fois plus nombreux que les enfants adoptables oblige, en tout état de cause, à choisir ceux qui paraissent les plus aptes à remplir ce rôle. Il y a là, pour les responsables des services d'aide à l'enfance, voire pour les animateurs d'œuvres d'adoption, une tâche délicate à mener de concert avec le psychologue ou le psychiatre.

La sélection des futurs adoptés vise à ne confier en adoption des enfants retardés ou déficients intellectuels qu'à des personnes qui les acceptent en toute connaissance de cause. L'adoption d'un enfant étranger pose, à une échelle différente, des problèmes du même ordre, dans une société qui est loin d'avoir exorcisé les démons du racisme. « L'importation » d'enfants étrangers (Vietnam, Corée, Amérique latine, Bengladesh) doit donc être examinée avec circonspection et soumise à des règles très précises.

B) *Aspect juridique.* — La loi du 11 juillet 1966, complétée par celle du 22 décembre 1976, a créé deux régimes d'adoption : l'adoption simple et l'adoption plénière.

La première est permise quel que soit l'âge de l'adopté ; elle ne rompt pas les liens entre lui et sa famille par le sang ; elle est révocable ; elle confère le nom de l'adoptant à l'adopté, en l'ajoutant au nom de ce dernier ou en le remplaçant. Ce type d'adoption est souvent utilisé pour régler des problèmes successoraux ou pour confirmer légalement les liens affectifs qu'un pupille de l'Etat a tissés dans sa famille d'accueil.

L'adoption plénière consacre la rupture totale et définitive avec la famille d'origine de l'enfant *qui doit avoir moins de 15 ans.* C'est le *jugement d'adoption* qui devient un nouvel acte de naissance pour l'enfant, l'acte de naissance originel étant annulé.

Les deux types d'adoption peuvent être demandés soit par deux époux ayant plus de cinq ans de mariage, soit par une personne seule âgée de plus de 30 ans.

La loi du 22 décembre 1976 a allégé les conditions

requises pour adopter et augmenter le nombre des enfants adoptables grâce à une meilleure application de l'article 350 du Code civil. Cet article, on l'a vu, permet de faire déclarer abandonnés par le tribunal — et par là même de rendre adoptables — les enfants « oubliés » pendant plus d'un an par leurs parents. Malheureusement ni la loi ni les pouvoirs publics n'ont réussi à déculpabiliser l'abandon physique à la naissance qui est la meilleure condition d'une adoption réussie.

L'adoption est une filiation judiciaire qui résulte d'un jugement du tribunal civil. Elle peut être engagée soit par les services d'aide sociale à l'enfance pour les enfants qui en dépendent, soit par l'intermédiaire des œuvres privées d'adoption autorisées et contrôlées par les services du président du Conseil général. Ces règles ont pour but d'empêcher tout « commerce d'enfants ».

Annexe

Liste des œuvres d'adoption autorisées

(Extraite de *L'aide sociale d'aujourd'hui après la décentralisation*)

Département où a été délivré l'agrément	*Nom et adresse de l'œuvre*
Alpes-Maritimes	Le Rayon de Soleil avenue de l'Amiral-Wemyss 06150 Cannes-la-Bocca
Bouches-du-Rhône	Association d'Heucqueville pour l'Adoption et le parrainage éducatif 54, rue de Paradis 13006 Marseille
Charente	Œuvre de l'Adoption 3, rue du Port 16100 Cognac

Département où a été délivré l'agrément	*Nom et adresse de l'œuvre*
Finistère	Les Enfants avant tout 18, rue Gounod 29200 Brest
	Terre d'Espoir Le Four à Chaux Saint-Urbain 29220 Landernau
	Famille du Monde 70, quai de l'Odet 29000 Quimper
Gard	Accueil aux Enfants du Monde 110, route de Camargue 30920 Codognan
Haute-Garonne	Œuvre de l'Adoption 1, place Saintes-Scarbes 31073 Toulouse
Gironde	Œuvre des Tout-Petits 73, rue du Loup 33000 Bordeaux
Hérault	Accueil sans frontières Les Castellanes 28, chemin de la Monnaie 34740 Vendargues
Loire-Atlantique	Dr Lerat Quai Moncousu 44000 Nantes
Maine-et-Loire	Œuvre Emmanuel M. et Mme Alingrin Mont Joie — Clefs 49150 Bauge
Nord	Mon enfant 36, chemin des Bois-Blancs 59910 Bondues
	Association des œuvres de Saint-Charles 6, rue E.-Branly 59250 Halluin

Département où a été délivré l'agrément	*Nom et adresse de l'œuvre*
	Adoption des Tout-Petits 16, rue Jean-Moulin 59800 Lille
	Enfants du Monde 126, boulevard Vauban 59800 Lille
Bas-Rhin	Le Trait d'Union 1, rue du Grand-Rabbin-René-Hirschler 67000 Strasbourg
	Enfants espoir du monde 20, rue de Salin 67200 Strasbourg
Rhône	Œuvre adoptive lyonnaise 33, place Bellecour 69002 Lyon
Paris	Les Nids de Paris 83, avenue de Saint-Mandé 75012 Paris
	Association d'Entraide des Femmes françaises 12, rue Clément-Marot 75008 Paris
	Œuvre de Secours aux Enfants 9, passage de la Boule-Blanche 75012 Paris
	La Famille adoptive française 87, boulevard Suchet 75016 Paris
Seine-Maritime	Œuvre des Nids 76130 Mont-Saint-Aignan
Tarn-et-Garonne	Le Foyer des Tout-Petits à Montbeton 36, rue du Lycée 82013 Montauban

Département où a été délivré l'agrément	*Nom et adresse de l'œuvre*
Vendée	Terre cordiale M. Jacques Chaplain « La Mancelière » 85190 Aizenay
Yvelines	L'Adoption familiale « La Cause » 460, rue Georges-Clemenceau 78300 Carrières-sous-Poissy
	Accueil et Vie Centre de la MGEN Hôtel Royal et Pavillon Palma Avenue de Louvois 78600 Maisons-Laffitte
Essonne	Les Amis des enfants du Monde 22, rue Alexandre-Dumas 91600 Savigny-sur-Orge
Hauts-de-Seine	La Famille adoptive française 90, rue de Paris 92100 Boulogne
Val-de-Marne	Le Rayon de soleil de l'Enfant étranger 8, rue Eugène-Renaud 94000 Maisons-Alfort

TERRITOIRES D'OUTRE-MER

Lieu où a été délivré l'agrément	*Nom et adresse*
Tahiti	Demande à adresser à : M. le Chef de service des Affaires sociales de Papeete Tahiti, Polynésie française
Nouvelle-Calédonie	Service social auprès du Tribunal de Nouméa B.P. F 4, Nouméa Cedex

Chapitre II

L'AIDE SOCIALE GÉNÉRALE

I. — Evolution historique de la notion d'assistance

Il est remarquable que les écrivains de l'Antiquité ne parlent jamais de bienfaisance, mais de libéralités. La bienfaisance, traduction d'une certaine forme d'amour du prochain, n'est connue que dans les civilisations à caractère quasiment théocratique : chez les Hébreux, où l'on prélève la dîme pour les veuves et les orphelins, dans l'ancienne Egypte, où le droit, fondé sur la morale, ne permet pas d'abuser de la force. Les Grecs et les Romains, par contre, n'organisaient de distributions de biens que par souci de protéger la société contre la menace que font peser sur elle les pauvres et les mendiants. L'aide aux miséreux repose sur une notion d'ordre public — cette notion subsistera, sous une forme atténuée, jusqu'à nos jours —, malgré l'esprit nouveau insufflé par le christianisme et les idéaux révolutionnaires : en effet, les lois de 1904 sur l'assistance à l'enfance et celle de 1905 sur l'assistance aux vieillards, infirmes et incurables sont encore des « lois de police et de sûreté ».

Sous le signe de la charité, l'Eglise chrétienne s'efforça de porter secours aux malheureux : dans l'Eglise primitive, les diaconies étaient de véritables centres d'action sociale ; le IIe Concile de Tours, en 547, prescrira à chaque paroisse de nourrir ses pauvres. Saint Vincent de Paul crée des hôtels-Dieu, des maisons-Dieu et des ordres religieux consacrés à la charité.

Le premier effort de sécuralisation de l'assistance fut fondé par François Ier, qui créa les « bureaux des pauvres », lointains ancêtres de nos bureaux d'aide sociale devenus en 1986 Centres communaux d'Action sociale (CCAS). L'étape suivante est franchie en Europe par la « loi des pauvres » *(Poor Law)* anglaise, de 1661, qui pose le principe de la responsabilité de la collectivité publique à l'égard des miséreux.

Les philosophes français du XVIIIe siècle préparèrent la voie qui sera suivie par la Révolution. « Quelques aumônes distribuées dans la rue, écrit Montesquieu, ne remplissent pas les obligations de l'Etat. Celui-ci doit à tous les citoyens une subsistance assurée, la nourriture, un vêtement convenable et un genre de vie qui ne soit pas contraire à la santé. »

La Convention reprit les mêmes principes dans la Constitution qu'elle élabora en 1793, et toutes les constitutions des Etats modernes s'en inspirent.

C'est le Congrès international d'Assistance, réuni à Paris en 1889, qui sut mettre sur pied « la charte de l'assistance ». Elle disait en substance : « L'assistance publique est due à ceux qui se trouvent temporairement ou définitivement dans l'impossibilité de gagner leur vie. »

Ce nouveau droit ainsi proclamé, c'est toute notre législation d'assistance qui va naître, par lois successives. Ce sera d'abord l'aide aux malades avec l'assistance médicale gratuite (1893), aux tuberculeux (1901), aux enfants assistés (1904), aux vieillards, infirmes et incurables (1905), enfin aux femmes en couches et familles nombreuses (1913). Ainsi, en vingt années, sans plan préconçu, était né l'essentiel des lois d'assistance.

II. — De l'assistance à l'aide sociale

Nul Laroque[1] et nul Beveridge[1] ne peut donc revendiquer la paternité des lois d'assistance, nées par étapes successives sous la poussée d'une double révolution : celle de 1789 et celle, silencieuse, engendrée par l'avènement du machinisme au XIXe siècle et la misère qu'il provoqua ; et, contrairement à ce qu'escomptaient leurs promoteurs, les mécanismes de prévoyance, qu'ils soient facultatifs (mutualité, retraite ouvrière et paysanne, assurance sociale) ou obligatoires (Sécurité sociale) n'ont pas eu pour effet de rendre inutiles les interventions de l'aide sociale. On put même constater, jusqu'à nos jours, un mouvement inverse, puisque la masse des dépenses d'aide sociale n'a cessé de croître, au grand effroi des collectivités locales débitrices. Plusieurs facteurs expliquent ce phénomène :

1° Le progrès technique a eu pour conséquence d'accroître les dépenses médicales, et inversement de diminuer le nombre de personnes susceptibles d'y faire face. Exemple typique, l'hôpital public — l'établissement public de santé —, jadis refuge des indigents, est devenu le lieu privilégié des techniques les plus élaborées, mais avec des coûts prohibitifs pour qui devrait les acquitter lui-même.

2° Le développement des mécanismes de prévoyance, dont on attendait qu'il rende inutiles les interventions de l'assistance, a suscité au contraire, dans les secteurs où il ne pouvait jouer, des exigences et des besoins nouveaux. L'évolution des idées, dans le sens de la justice sociale, les dévaluations monétaires, ont joué dans le même sens.

1. Promoteurs l'un en France, l'autre en Grande-Bretagne, de la Sécurité sociale.

3° Ainsi, l'assistance s'est ouverte à de nouvelles catégories sociales qui auraient jadis refusé ou redouté l'aide de la collectivité. Comment prévoir aujourd'hui si tel commerçant ou cadre, aux ressources normales, ne devra pas solliciter l'aide sociale pour régler le ticket modérateur d'une hospitalisation coûteuse, ou le prix de journée d'une maison de retraite ?

4° Enfin, le plan français de Sécurité sociale qui prévoyait la généralisation de la couverture de tous les risques sociaux, n'a jamais abouti en totalité. Certains risques, certaines charges, certaines catégories sociales, en sont exclus, ainsi que nous le verrons, ce qui laisse à l'aide sociale de larges secteurs d'intervention.

Cette évolution de l'assistance ne pouvait laisser subsister les vieilles lois de 1893 à 1913. Une refonte s'avérait nécessaire. Ce fut l'œuvre du décret du 29 novembre 1953.

Sur le plan juridique, il s'agit d'une refonte législative opérée, par délégation du Parlement, par la voie réglementaire.

Sur le plan pratique, il s'agit d'une fusion, d'une simplification, d'une codification des dispositions antérieures.

Sur le plan social et humain, le vocable *assistance* cède la place à celui, moins paternaliste plus humain, *d'aide sociale,* voulant marquer par là le sens d'une évolution profonde.

III. — Caractères et domaine de l'aide sociale

La rénovation instaurée par le décret de 1953 a mis à jour les caractères du droit à l'aide sociale d'une part, des prestations d'aide sociale d'autre part, qui délimitent le domaine de l'aide sociale.

1. **Le droit à l'aide sociale.** — Le droit des personnes dans le besoin apparaît d'emblée comme le corollaire du devoir de la collectivité à leur égard. Il s'agit d'une véritable obligation alimentaire dont le débiteur est la collectivité publique et le créancier le demandeur d'aide sociale.

Les commissions d'aide sociale n'ont pas de pouvoir discrétionnaire : elles constatent le bien-fondé du droit et laissent aux demandeurs des voies de recours. Depuis 1986, ces derniers sont entendus, par les commissions, quand ils le souhaitent.

Le droit à l'aide sociale est un droit :

1) *subjectif :* c'est une prérogative reconnue à un particulier qui lui permet d'exiger une prestation déterminée[1] ;

2) *personnel :* il est incessible, insaisissable, nul ne peut y renoncer ;

3) *lié à la notion de besoin :* le besoin est apprécié par les commissions d'admission. Celles-ci ne créent pas le droit. Elles le constatent ;

4) *subordonné à certaines conditions* (plafonds de ressources à ne pas dépasser, déficience caractérisée — maladie, invalidité, vieillesse — résidence en France, etc.).

2. **Les prestations d'aide sociale.** — Comme le droit à l'aide sociale, les prestations ont un certain nombre de caractères spécifiques :

1) *Elles sont spécialisées.* — Il faut, pour en bénéficier, rentrer dans l'une des catégories prévues.

2) *Elles ont un caractère alimentaire.* — A ce titre, elles sont analogues aux prestations alimentaires du Code civil (art. 205 et suiv.).

1. Cf. Elie Alfandari, Action et aide sociales, *Précis, Dalloz*.

3) *Elles ont un caractère subsidiaire.* — Elles n'interviennent qu'à défaut d'autres possibilités : ressources personnelles, créances alimentaires ; et après intervention des régimes facultatifs (mutuelle) ou obligatoires (assurance maladie) de prévoyance sociale.

4) *Elles ont un caractère récupérable.* — Ce dernier caractère est sans doute le plus lourd de conséquences pratiques car il en résulte que :

— le bénéficiaire revenu à *meilleure fortune* peut être invité à rembourser tout ou partie des sommes allouées, sur décision de la commission d'admission ;
— le *légataire* ou *donataire* peut être tenu, dans les mêmes conditions, de rembourser les prestations allouées au légateur ou donateur, si la donation est intervenue dans les cinq années qui ont précédé la demande ;
— l'actif successoral du bénéficiaire peut être recueilli par le Service d'Aide sociale, sur appréciation des commissions, compte tenu de la situation des héritiers, de leur degré de parenté et de la manière dont ils se sont acquittés de leur obligation alimentaire envers leur parent.

Pour la garantie de ces recours, une hypothèque est prise sur les biens immeubles des demandeurs d'aide sociale lorsque la valeur de ces biens excède 10 000 F.

3. **Le domaine de l'aide sociale.** — Les caractères, et du droit à l'aide sociale, et des prestations allouées, marquent déjà une différence considérable entre l'Aide sociale et la Sécurité sociale. Différentes, ces deux formes de protection le sont encore dans leur principe et dans leur mode de financement.

A) *Dans leur principe.* — L'Aide sociale est la survivance de la vieille assistance, qui a été longtemps la seule forme d'intervention. Elle n'est pas liée à des conditions de cotisations, mais à des conditions de situation sociale, médicale et financière.

B) *Dans leur mode de financement.* — La Sécurité sociale, et plus précisément l'assurance maladie-maternité, était à l'origine liée au travail de l'assuré, à ses cotisations et à celles de son employeur. Depuis les ordonnances du 21 août 1967 et la loi du 2 janvier 1978 créant et étendant le bénéfice de l'assurance volontaire et personnelle, elle n'est plus liée qu'à des conditions de cotisations (qui peuvent être prises en charge par l'Aide sociale). Mais elle ouvre, en tout état de cause, des droits automatiques dans des situations données. Financée par l'impôt, au contraire, l'Aide sociale ouvre des droits laissés à l'appréciation *intuitu personae* d'organismes collégiaux : les commissions d'admission.

L'Aide sociale intervient donc :

a) *à titre complémentaire* pour les assurés sociaux, dans les cas où il reste un ticket modérateur à la charge de l'assuré ;

b) *à titre supplétif* pour les non-assurés sociaux dans tous les cas, et, pour les assurés sociaux, dans les cas non pris en charge par la Sécurité sociale et dans les cas où les conditions d'ouverture des droits ne sont pas remplies.

Ainsi se dessinent le domaine commun des deux institutions et le domaine propre de l'Aide sociale.

a) *Domaine commun de la Sécurité sociale et de l'Aide sociale.* — Il concerne :

1) *L'aide médicale :* l'identité d'intervention est totale, et l'Aide sociale agit soit à titre supplétif, soit à titre complémentaire.

2) *L'aide en espèces aux personnes âgées :* le rôle dominant revient à la Sécurité sociale, avec l'assurance-vieillesse ; l'Aide sociale est ici supplétive.

3) *L'aide aux personnes handicapées :* l'Aide sociale est alors supplétive ou complémentaire, ce dernier rôle tendant à devenir nettement dominant.

b) *Domaine propre de l'aide sociale.* — Il s'agit des secteurs ci-après :

1) *L'aide sociale en nature aux personnes âgées* (aide ménagère, foyer restaurant, placements familiaux, prise en charge des placements en maison de retraite, etc.).

2) *L'aide sociale aux familles :* essentiellement les allocations aux familles dont les soutiens indispensables effectuent leur service national.

3) *L'aide sociale à l'enfance,* dont l'importance ne cesse de croître.

4) *L'aide sociale en matière de logement, d'hébergement et de réadaptation sociale* (centres d'hébergement pour personnes et familles en difficultés, ex-détenus, vagabonds, personnes en danger de prostitution ou en voie de reclassement social).

IV. — L'admission à l'Aide sociale

L'admission à l'Aide sociale est subordonnée à un certain nombre de conditions, elle est soumise à une procédure et repose sur une organisation financière radicalement modifiée en 1984.

1. **Conditions d'admission à l'Aide sociale.** — A) *Il faut entrer dans l'une des catégories de bénéficiaires prévues par la législation.* — Cette condition découle du caractère spécialisé des prestations, allouées pour chaque forme d'aide sociale nettement délimitée.

B) *Il faut être dépourvu de ressources suffisantes.* — Cette impécuniosité se mesure soit par rapport à un « plafond » de ressources à ne pas dépasser, soit par comparaison avec le coût d'une dépense (séjour à l'hôpital) à supporter.

Sont prises en considération :

a) Les ressources *personnelles* du demandeur : revenus, salaires, rentes, allocations diverses (à l'exclusion des pensions honorifiques).

b) Les ressources *provenant d'un capital.* — Si ce capital n'est pas productif de revenu, il est néanmoins considéré comme produisant des ressources égales à la rente correspondant au versement, à la Caisse nationale d'Assurance sur la vie, d'une somme représentant la valeur de ce capital (versement à capital aliéné).

c) Les ressources provenant ou devant provenir de *l'obligation alimentaire.* Sauf exceptions relativement nombreuses (personnes handicapées, aide ménagère des personnes âgées, forfait journalier hospitalier), sont mises en œuvre les obligations résultant des articles 205 et suivants du Code civil. Au moment du dépôt de la demande, le requérant fournit la liste nominative de ses débiteurs d'aliments (époux, ascendants et enfants à tous les degrés, gendre et belle-fille).

La Commission d'admission fixe le montant de l'aide consentie par l'Aide sociale, et, *a contrario,* la participation de l'intéressé et de ses débiteurs d'aliments.

Ceux-ci peuvent s'adresser à l'autorité judiciaire pour faire fixer le montant de leur dette : la décision judiciaire s'impose aux commissions.

Deux autres particularités sont à signaler :

1) En *cas de placement* dans un établissement, les personnes âgées doivent affecter 90 % de leurs ressources aux frais de placement. Il leur reste 10 %, avec un minimum fixé par décret, au titre d'argent de poche. Les personnes handicapées participent également à leurs frais de séjour.

2) Les *parents d'enfants* hospitalisés ou placés en établissement sanitaire ou social doivent, en principe, se voir réclamer par les commissions d'admission une somme au moins égale aux prestations familiales perçues pour cet enfant.

C) *Il faut résider en France.* — Les étrangers résidant en France ont, pour certaines prestations, des droits différents selon la catégorie à laquelle ils appartiennent.

1) Les ressortissants de la plupart des *Etats de l'ancienne Union française,* ont en vertu de circulaires successives jamais annulées, les mêmes droits que les nationaux.

2) Les ressortissants d'un pays signataire avec la France d'une *convention d'assistance réciproque* sont également assimilés aux nationaux. La presque totalité des pays européens est signataire de telles conventions selon des modalités variables.

3) Les *réfugiés politiques* dont la résidence régulière est sanctionnée par la carte de séjour portant la mention « réfugié », bénéficient également de l'ensemble des dispositions de l'aide sociale.

4) Les *étrangers* n'entrant pas dans ces catégories ont les droits ci-après : *après quinze ans* de résidence en France (avant l'âge de 70 ans), aux allocations aux personnes âgées et aux personnes handicapées ; *après trois ans* de résidence, à l'aide médicale à domicile ; sans *antériorité de résidence,* à l'aide médicale hospitalière, au placement en établissement de rééducation, de retraite ou d'aide par le travail.

2. **Procédure d'admission à l'Aide sociale.** — La procédure actuelle découle, elle aussi, des dispositions du décret du 29 novembre 1953 portant réforme des lois d'aide sociale. On peut distinguer la procédure normale et certaines procédures exceptionnelles.

A) *Procédure normale d'admission.* — a) *Dépôt de la demande au Centre communal d'Action sociale (CCAS).* — Cette demande se présente sous la forme :

— D'un imprimé spécial formant dossier et dénommé *Dossier familial d'aide sociale*. Il comprend tous les éléments de base nécessaires à l'appréciation des ressources du requérant et les pièces justificatives y sont annexées : certificat de salaire, relevé de pension, relevé de ressources diverses, etc.

A cet imprimé, valable pour toute la famille, est annexée une formule « obligation alimentaire » par débiteur d'aliments ;

— D'un imprimé intercalaire de couleur variable suivant la nature de l'aide sociale demandée.

Le CCAS complète le dossier ainsi constitué, peut faire effectuer des visites à domicile et donne son avis sur la demande. L'avis du Conseil municipal peut être demandé par le maire.

b) *Transmission du dossier.* — Cette transmission doit avoir lieu dans le mois du dépôt du dossier au président du Conseil général ou au préfet, selon les compétences de chacun. Leurs services instruisent le dossier, peuvent provoquer un contrôle sur pièces ou sur place de contrôleurs, médecins ou dentistes accrédités.

Les services émettent ensuite une appréciation d'ensemble sur le dossier, sous forme de proposition de décision, à l'intention de la Commission d'Admission.

c) *Décision de la Commission d'Admission.* — La commission délibère sur les dossiers qui lui sont soumis.

Sa composition est la suivante : un magistrat ou son suppléant, président, deux fonctionnaires de l'Etat, deux élus, à savoir le conseiller général du canton et le maire de la commune intéressée. Elle fonctionne à « géométrie variable ». Le président et les fonctionnaires ont voix délibérative quand il s'agit d'une prestation d'aide sociale relevant de l'Etat. Le président et les élus ont voix délibérative quand il s'agit d'une prestation d'aide sociale relevant du département.

Assistent à la commission, mais seulement à titre consultatif : un représentant de la Sécurité Sociale, un représentant d'un CCAS. Un fonctionnaire remplit les fonctions de secrétaire-rapporteur. Un expert médical peut être désigné.

La commission prend une décision d'admission totale, d'admission partielle, ou de rejet.

Son ressort territorial est de l'ordre du canton, mais les petits cantons sont regroupés.

Les décisions prises sont notifiées aux demandeurs, et aux débiteurs d'aliments, par l'intermédiaire du maire de leur commune.

d) *Recours devant la Commission départementale.* — Ce recours doit être formulé dans le délai de deux mois à compter de la notification aux intéressés. Sont habilités à le formuler : le demandeur de l'aide sociale et ses débiteurs d'aliments, le préfet, le président du Conseil général, le maire de la commune, etc., de même que tout habitant ou contribuable du département y ayant intérêt.

La Commission départementale comprend : le président du tribunal de grande instance ou son suppléant, président ; trois conseillers généraux, trois fonctionnaires de l'Etat.

Des secrétaires-rapporteurs sont nommés par le président sur proposition conjointe du préfet et du président du Conseil général. Un commissaire du gouvernement, désigné par le préfet, donne ses conclusions. La DDASS assure le secrétariat.

e) *Recours devant la Commission centrale d'Aide sociale.* — Cet ultime recours doit être formé dans les mêmes formes et délais que le précédent.

La Commission centrale comprend six sections de quatre membres, dont deux membres du Conseil d'Etat ou de la Cour des Comptes et deux fonctionnaires des administrations centrales ou personnes qualifiées.

Les commissions départementales et centrales constituent des juridictions.

B) *Procédures exceptionnelles d'admission.* — a) *Admission d'urgence.* — L'admission dite d'urgence à l'Aide sociale peut être prononcée :

— pour l'admission des tuberculeux en sanatorium, par le président du Conseil général ;
— pour l'aide médicale, le placement en établissement des personnes handicapées et personnes âgées, l'aide ménagère par le maire de la commune où se trouve l'intéressé.

Le maire avise le service compétent et le CCAS de la résidence du demandeur établit le dossier d'aide sociale dans les conditions habituelles.

b) *Demande formulée lors de l'entrée à l'hôpital.* — Lorsque le malade se trouve dans l'impossibilité de se rendre au CCAS, il peut, en vertu d'une instruction du 24 septembre 1959, formuler sa demande à l'entrée à l'hôpital. Cette demande se présente sous la forme d'une « liasse d'admission SP 6 ». L'un des volets de la liasse est envoyé au CCAS où il déclenche la procédure d'admission.

c) *Demandes d'aide sociale particulières.* — 1) Allocations aux familles dont les soutiens indispensables effectuent leur service national. Dite « allocation militaire », cette forme d'aide sociale est attribuée par décision du préfet qui peut déléguer ses pouvoirs au directeur des Affaires sanitaires et sociales.

2) Allocations mensuelles d'aide à l'enfance. — Ces allocations relèvent de la législation d'aide sociale à l'enfance ; elles sont attribuées à ce titre par décision du président du Conseil général.

3. **Organisation financière de l'aide sociale.** — L'organisation de l'Aide sociale repose sur le plan financier, comme sur le plan administratif, sur le même pivot : le département. Le domicile de secours règle

l'imputation des dépenses. Depuis 1984, un partage de compétences entre l'Etat et les collectivités locales fondé sur deux blocs de compétences s'est substitué au précédent partage financier entre l'Etat, le département et la commune.

A) *Le domicile de secours.* — C'était jadis le lieu où l'on pouvait secourir une personne ; il détermine la collectivité publique qui prendra la dépense en charge. Pour les adultes, le domicile de secours s'acquiert par une résidence habituelle de trois mois dans un département ; sauf, depuis la loi du 6 janvier 1986, s'il s'agit d'un séjour en établissement sanitaire ou social (maison de retraite par exemple) ou d'un placement familial. Dans ce cas, les intéressés conservent le domicile de secours qu'ils avaient auparavant. L'enfant a le domicile de secours de ses parents.

Le postulant à l'aide sociale dépose sa demande au CCAS de sa commune de résidence ; s'il n'habitait pas dans cette commune depuis au moins trois mois, c'est son département de résidence antérieure qui est domicile de secours et qui aura à financer la dépense. Les personnes sans domicile de secours, pour lesquelles aucun domicile fixe ne peut être déterminé sont prises en charge intégralement par l'Etat.

B) *Ancien classement des dépenses d'aide sociale.* — Jusqu'en 1983, les dépenses d'aide sociale étaient inscrites en totalité au budget du département reconnu « domicile de secours ». Elles constituent l'un des chapitres les plus importants de ce budget. Il s'agissait, à ce stade, d'une centralisation comptable des dépenses, car celles-ci étaient ensuite réparties entre l'Etat, le département et les communes selon le processus suivant.

Les dépenses d'aide sociale étaient classées en trois groupes :

— *groupe 1 :* dépenses d'aide sociale à l'enfance, d'hygiène et de prévention sanitaire ;
— *groupe 2 :* dépenses d'allocation de loyer, d'aide médicale aux malades mentaux et tuberculeux, de centres d'hébergement et frais d'administration et de contrôle ;
— *groupe 3 :* autres formes d'aide sociale : aide médicale, aide aux personnes handicapées et personnes âgées.

C) *Répartition de ces dépenses.* — Elle avait lieu en trois étapes dont la première est depuis 1984 disparue.

a) *La première* s'effectuait entre l'Etat d'une part, et les collectivités locales (département et commune), d'autre part, selon un barème institué par décrets en 1955.

b) *La seconde* répartition fixe la part du département et celle de l'ensemble des communes. Elle est le fait du Conseil général.

c) *La troisième* détermine la part de chaque commune en fonction de ses capacités financières et du nombre d'assistés de la commune.

Ce processus complexe faisait l'objet de critiques fréquentes. Le transfert de compétences en 1984 y a mis fin partiellement.

4. **Le nouveau partage de compétences issu de la réforme de décentralisation.** — En vertu de la loi du 22 janvier 1983, entrée en vigueur le 1er janvier 1984, l'Aide sociale a été répartie en deux sphères de compétences. La plus importante relève de la compétence du département ; la seconde, constituée des exceptions énumérées par l'article 35 de la loi du 22 juillet 1983, est de la compétence de l'Etat. Ce qui relève de la solidarité locale est confié au département ; ce qui se rattache plutôt à la solidarité nationale revient à l'Etat.

Ce partage en nature, au lieu du partage financier précédent, a eu plusieurs conséquences :

A) *Au plan de la gestion.* — Le département ne gère plus l'ensemble de l'aide sociale, mais, depuis 1984, la seule sphère de compétences qui lui a été attribuée. Les communes continuent de participer financièrement, comme par le passé, mais seulement à l'aide sociale relevant du département. Les décrets du 23 décembre 1983 et du 31 décembre 1987 ont enserré les modalités de calcul de cette participation dans des règles strictes, un Conseil général ne pouvant accroître la part des communes au-delà de l'augmentation de son propre budget social. De son côté, l'Etat gère directement les crédits nécessaires à sa sphère de compétences, en les déconcentrant aux préfets (DDASS).

	Répartition de la charge financière entre :		
	L'Etat	*Les collectivités locales* (1)	*Total*
Ancien partage financier (1983)	32	19	51
Nouveau partage en nature (1984)	12	39	51
En moins pour l'Etat	— 20		
En plus pour les départements		+ 20	0
Impôts transférés	+ 13	— 13	0
Versement d'une dotation annuelle	+ 7	— 7	0
	0	0	

(1) La part des communes est restée constante.

B) *La compensation financière du partage de compétences.* — Du fait du partage de compétences, l'Etat dépense moins d'argent pour l'aide sociale. La différence entre ce qu'il versait avant 1984 et ce qui est à sa charge exclusive depuis 1984 a été évaluée département par département. Ce sont les droits à compensation financière de ceux-ci, correspondant aux charges supplémentaires mises à leur charge. Cette compensation a été réalisée par le transfert aux départements d'impôts d'Etat (la vignette, par exemple) et, pour le solde, par le versement annuel d'une dotation générale de décentralisation revalorisée chaque année. Le tableau page 66, illustre le mécanisme de cette participation en milliards de francs.

C) *Conséquences juridiques.* — Le département exerce les pouvoirs de l'Etat quant à l'attribution des prestations d'aide sociale de sa compétence. La direction départementale des affaires sanitaires et sociales a été scindée en deux services dont l'un placé sous l'autorité du président du conseil général. La législation sociale a été réaménagée par l'importante loi du 6 janvier 1986, qui a tiré les conséquences du transfert de compétences.

V. — **Les Centres communaux d'Action sociale (CCAS)**

Bureaux d'Aide sociale sous leur ancienne dénomination, ils ont constitué l'une des créations du décret du 29 novembre 1953 portant réforme des lois d'assistance. Après avoir évoqué l'évolution historique de cette institution, on fera le point de leur organisation actuelle, de leur fonctionnement et de leurs attributions, avant de décrire les CCAS des grandes villes.

1. **Evolution historique.** — La création des Bureaux d'Aide sociale a été réalisée par la fusion des anciens bureaux d'assistance, dans chaque commune, assurant le service de l'aide sociale légale, et des anciens bureaux de bienfaisance, chargés de l'aide sociale facultative (en nature ou en espèces).

Les premiers avaient été créés par la loi du 15 juillet 1893, qui stipulait que chaque commune devait être pourvue d'un bureau d'assistance pour instruire toutes les demandes formées par les bénéficiaires éventuels des régimes de l'assistance obligatoire.

Les seconds, successeurs des bureaux des pauvres de François Ier, étaient prévus par la loi du 7 frimaire an V (7 novembre 1796) dans les communes où cette création « paraissait utile » ; leur rôle essentiel est demeuré de secourir les indigents ne pouvant bénéficier d'une loi d'assistance obligatoire.

Certaines réalisations municipales avaient montré quelle large action un bureau de bienfaisance, bien outillé, pouvait conduire au profit des personnes économiquement défavorisées. Il a donc semblé opportun de fusionner ces deux organismes en un seul, qui cumulerait leurs attributions respectives et élargirait ses activités dans un sens mieux adapté aux conditions et à la conception de la solidarité.

Déjà un projet de loi avait été déposé par le gouvernement, le 8 février 1949, portant création des Bureaux d'Aide sociale : ce projet, sans toucher aux dispositions consacrées par l'expérience, opérait la fusion des deux institutions et définissait en même temps la compétence du nouvel organisme en fonction de besoins sociaux plus variés. Outre l'attribution de secours en bons, en nature et en espèces, il prévoyait « la création de crèches, pouponnières, garderies d'enfants, foyers de vieillards, restaurants d'entraide, et la création de services sociaux et permanences sociales ». Accueilli avec sympathie aussi bien par l'Union nationale des Bureaux de Bienfaisance que par les élus municipaux, le projet de loi n'a cependant pas vu le jour en raison d'obstacles de procédure. Mais l'essentiel fut repris dans la réforme de novembre 1953. La loi du 6 janvier 1986 a modernisé leur organisation et leur fonctionnement et redéfini leurs missions.

2. **Organisation actuelle.** — Personnes morales de droit public, les CCAS sont des établissements publics communaux (ou intercommunaux) gérés par un organisme collégial (le conseil d'administration), et dont les règles de fonctionnement s'apparentent à celles des communes.

Le conseil d'administration. — *a)* Il est *présidé* par le maire s'il s'agit d'un bureau communal, par le président de l'établissement public de coopération intercommunale s'il s'agit d'un bureau intercommunal.

Il comprend huit membres, quatre élus par le Conseil municipal ou l'organe délibérant de l'établissement public et quatre nommés par le maire.

Dans la commune ou le groupement de communes dont la population dépasse 100 000 habitants, le nombre de ses membres peut être porté à douze (six de chaque catégorie).

b) La désignation de ses membres obéit à des règles variables selon qu'il s'agit des délégués du Conseil municipal ou des autres membres. Toutefois, tous sont élus ou désignés à la suite de chaque renouvellement du Conseil municipal et pour la durée du mandat de ce conseil. Leur mandat est renouvelable.

— Les délégués du Conseil municipal sont élus à la représentation proportionnelle.

En cas de suspension ou de dissolution du Conseil municipal, le mandat est continué jusqu'au jour de la nomination des délégués par le nouveau Conseil municipal.

— Les autres membres sont nommés par le maire.

Ces membres sont choisis parmi les personnes s'occupant d'action sociale. L'un de ces membres représente les associations familiales ; il est présenté par l'Union départementale des Associations familiales. Deux représentent les associations de personnes âgées et celles de personnes handicapées du département.

Le conseil d'administration peut être dissous dans les conditions prévues au Code des communes (art. L. 121-4).

3. **Fonctionnement administratif et financier.** — C'est le maire qui préside le CCAS, à défaut le vice-président élu par le conseil d'administration.

Dotés de la personnalité morale, les CCAS ont un budget, des ressources et des biens.

Les biens, droits et engagements des Bureaux d'Assistance et des Bureaux de Bienfaisance auxquels ils se substituent leur ont été transférés de plein droit.

Les CCAS disposent des ressources prévues par la législation et la réglementation. Les ressources normales de leur budget sont constituées par les revenus de la dotation (ils peuvent recevoir des dons et legs), les subventions du Conseil municipal ou de toute autre collectivité ; les produits de quêtes ou collectes (mariages, fêtes, etc.), certaines recettes affectées (le tiers du produit des concessions de terrains dans les cimetières, une partie du fonds commun des amendes pénales).

La faiblesse des ressources propres des CCAS est

manifeste, ce qui limite leurs possibilités d'intervention dans le domaine de l'aide sociale facultative (l'aide sociale obligatoire est en effet à la charge des collectivités publiques).

4. **Attributions.** — Comme hier le Bureau de Bienfaisance, le CCAS personnalise et représente tous les pauvres de la commune ; comme le Bureau d'Assistance d'avant 1953, il instruit les demandes d'aide sociale ; il a une troisième fonction la coordination des activités de développement social dans la commune.

A) *Instruction des demandes d'aide sociale légale.* — Le CCAS reçoit les demandes des postulants à l'aide sociale, les instruit et les transmet au président du Conseil général ou au préfet, selon leurs compétences respectives, dans le mois du dépôt avec son avis.

Le CCAS s'assure le concours de personnels sociaux, chargés de recueillir sur place tout élément propre à les mettre en mesure de formuler un avis en connaissance de cause et à éclairer les commissions d'admission.

B) *Aide sociale facultative.* — Déjà, débordant le cadre de la loi de frimaire an V, qui leur assignait la répartition des secours à domicile, les Bureaux de Bienfaisance avaient progressivement étendu leur champ d'action.

Il entre dans leurs attributions de créer et de développer les services sociaux et les œuvres sociales les plus variés : consultations, dispensaires, crèches, pouponnières, garderies d'enfants, foyers de personnes âgées, restaurants d'entraide, centres d'aide par le travail, permanences sociales, etc.

Le décret du 16 mars 1963 les avait invités à développer leur action en faveur des personnes âgées. Ils ont vocation non seulement à mettre en place des services d'aides ménagères et de soins à domicile, de centres d'activités culturelles et manuelles, mais aussi de créer et de gérer des logements-foyers et des maisons de retraite, etc.

Les distributions de secours en bons, en nature et en espèces demeurent l'une des formes de l'action sociale des CCAS, mais celle-ci s'élargit à d'autres formes de prévention et de développement social, en liaison avec les services publics et les institutions privées.

C) *Coordination des activités sociales.* — Le CCAS anime une action générale de prévention et de développement social dans la commune en liaison étroite avec les institutions publiques et privées. Cette idée de coordination est inhérente à l'action sociale elle-même. Un décret de 1954 prévoit que, pour éviter chevauchements et doubles emplois, il doit constituer un répertoire des bénéficiaires de secours ou d'une aide sociale résidant sur le territoire de la commune ou du Syndicat de Communes.

La communication de ce fichier est exclusivement réservée aux membres du conseil d'administration, à ceux des Commissions d'Admission, aux représentants des services publics et institutions privées ayant un objet analogue, et à leurs services sociaux sous la réserve qu'ils justifient que l'intéressé a recours à leur aide.

5. **Les CCAS des grandes villes.** — Il faut bien dire que dans les petites communes rurales les CCAS n'ont qu'une existence et des capacités limitées qui se réduisent en fait à l'instruction des demandes d'aide sociale et à la distribution éventuelle de secours exceptionnels. Le décret de 1953 ne leur a pas donné l'assiette financière nécessaire et la circulaire de 1966 qui préconisait leur regroupement en centres intercommunaux ne se concrétise que très lentement.

Inversement, la structure prévue en 1953 s'est avérée inadaptée aux très grandes métropoles, et les villes de Paris, Lyon et Marseille ont été dotées de CCAS à statuts particuliers.

A) *Le CCAS de Paris.* — Il n'a été créé qu'en 1969. Jusqu'à cette date, les Bureaux d'Aide sociale de Paris, un par arrondissement, constituaient des services de l'Assistance publique de Paris.

Le décret du 27 janvier 1969[1] a donc constitué un retour au droit commun de l'aide sociale, mais l'administration du CCAS de Paris et l'admission à l'aide sociale dans la capitale obéissent à des règles particulières :

a) *Administration*. — 1) Le CCAS de Paris est géré par un *conseil d'administration* composé de vingt-sept membres : le maire de Paris ou un adjoint désigné par lui, président, treize membres élus par le Conseil de Paris, treize membres nommés par le maire parmi les personnes s'occupant d'œuvres ou d'activités sociales et au moins un représentant des associations familiales (UDAF).

Nommé par le maire de Paris, le *directeur du CCAS* a autorité sur tous les services et en assure la conduite générale.

2) Dans chacun des arrondissements de Paris, une section du CCAS assure le fonctionnement de l'aide sociale facultative et participe à celui de l'aide sociale obligatoire.

Chaque section est administrée par un *Comité de Gestion d'arrondissement* qui comprend le maire d'arrondissement, président des membres du conseil d'arrondissement et des administrateurs. Parmi ces derniers, doit figurer un *représentant des Associations familiales*. Le Comité de Gestion d'arrondissement se réunit au moins une fois par mois, sur convocation de

1. Modifié par les décrets du 24 mars 1977 et du 2 septembre 1983.

son président. Une délégation du comité se réunit chaque jour.

b) *Admission à l'aide sociale à Paris.* — 1. Les demandes d'admission au bénéfice d'une forme quelconque d'aide sociale (à l'exception de celles concernant l'aide à l'enfance et celles relatives à l'aide antituberculeuse), sont déposées à la section du CCAS de l'arrondissement où réside l'intéressé.

2. Les dossiers sont transmis par le CCAS de Paris au président du Conseil général ou au préfet, selon le cas ; celui-ci formule ses propositions et soumet les dossiers à la Commission d'Admission compétente.

3. Il est constitué d'une commission d'admission par arrondissement.

Chaque commission comprend : un magistrat en activité ou honoraire, président ; deux fonctionnaires de l'Etat, un conseiller de Paris et un conseiller d'arrondissement. Comme les autres commissions d'admission, celle-ci fonctionne à « géométrie variable » (cf. p. 61).

Assistent aux séances de la Commission, avec voix consultative : un représentant des organismes de Sécurité sociale, un représentant du préfet de Paris.

Le secrétariat de chaque Commission est assuré par un secrétaire-rapporteur.

L'admission d'urgence est prononcée par les directeurs des sections du CCAS ; l'admission d'urgence à l'aide médicale aux tuberculeux est prononcée par le président du Conseil général (le maire de Paris).

B) *Le CCAS de Lyon.* — Contrairement à ce qui se passait à Paris et à Marseille jusqu'en 1969 et 1970, il n'y a jamais eu d' « Assistance publique de Lyon » regroupant les hôpitaux, hospices publics et le CCAS. Celui-ci a toujours eu autonomie et personnalité morale. Les hôpitaux et hospices publics forment, de leur côté, les « Hospices civils de Lyon ».

Le CCAS de Lyon comporte un siège social central et des centres d'arrondissement qui lui sont rattachés : un dans chacun des neuf arrondissements de la ville, installés dans les mairies d'arrondissement.

Son conseil d'administration se compose, outre le maire de Lyon, président, de trente membres : quinze sont élus par le Conseil municipal, quinze sont nommés par le maire parmi les personnes chargées d'activités sociales, dont deux représentants des associations familiales.

Il désigne parmi ses membres une délégation permanente qui exerce les attributions qu'il leur délègue.

Depuis le 1er janvier 1972, il existe une Commission d'Admission par arrondissement : tous les dossiers de l'arrondissement lui sont soumis.

Le CCAS de Lyon est placé sous l'autorité d'un directeur ; il dispose de personnel.

C) *Le CCAS de Marseille. — a)* Depuis le décret du 9 septembre 1970, il est érigé en établissement public autonome, comme ceux de Lyon et de Paris, et soumis à l'ensemble de la réglementation en vigueur. Il a cessé donc d'appartenir à l'administration de l'Assistance publique de Marseille.

b) Il est administré par un conseil d'administration composé du maire de Marseille, président ; de sept membres élus par le Conseil municipal ; de sept membres désignés par le maire parmi les personnes s'occupant d'activités sociales, dont deux présentés par l'Union départementale des Associations familiales.

Le conseil d'administration élit parmi ses membres un vice-président appelé à suppléer le président, en cas d'empêchement.

Il tient au moins une séance par mois, sur convocation de son président, ou à la demande du directeur.

c) Le conseil d'administration désigne en son sein une délégation permanente composée du président ou du vice-président, de trois membres élus par le Conseil municipal, de trois membres nommés par le maire.

La délégation permanente exerce les attributions que lui délègue le conseil d'administration. Elle se réunit une fois par semaine.

d) Nommé par le président, le directeur peut recevoir, du maire, délégation de pouvoirs pour prononcer l'admission d'urgence à l'aide sociale.

Les demandes d'admission à l'Aide sociale sont déposées au CCAS, qui les transmet au président du Conseil général ou au préfet, selon le cas, avec l'avis du conseil d'administration ou de sa délégation permanente, pour être soumises à la Commission d'Admission.

VI. — Le Conseil supérieur de l'Aide sociale

Le Conseil supérieur de l'Aide sociale est un organisme consultatif chargé de l'étude et de l'examen de toutes les questions qui lui sont soumises par le ministre de la Santé publique et qui intéressent l'organisation, le fonctionnement et le développement de l'aide sociale.

Il remplace le Conseil supérieur de l'Entraide, créé en 1950 ; le décret du 16 septembre 1971 définit sa composition, son fonctionnement et le rôle particulier de sa section permanente en matière de contentieux de la tarification.

1. **Composition.** — Le Conseil supérieur comprend, sous la présidence du ministre de la Santé : 20 membres de droit (représentants des ministères intéressés, du Parlement, etc.), 16 membres désignés par le ministre sur proposition de divers organismes (Sécu-

rité sociale, Mutualité), 16 membres désignés par le ministre en raison de leur compétence en matière d'aide sociale.

2. **Fonctionnement.** — Le Conseil supérieur se réunit en assemblée plénière ou en sections, son secrétariat étant assuré par la Direction de l'Action sociale du ministère de la Santé.

A) *Assemblée plénière.* — Elle comprend au total cinquante-deux membres. En principe, le Conseil tient annuellement une assemblée plénière et des assemblées plénières extraordinaires sur convocation du ministre. Il est présidé par le président de la section sociale du conseil d'Etat. Son vice-président est un conseiller d'Etat.

Pour toute délibération, le quorum du tiers des membres du Conseil est obligatoire.

B) *Commissions.* — L'Assemblée plénière et la section permanente peuvent, pour l'étude des questions qui leur sont soumises, constituer des commissions dont elles désignent les membres ; ces commissions émettent leur avis à la place de l'organisme qui les a désignées.

3. **Section permanente.** — Les recours liés aux dotations globales, tarifs au prix de journée des établissements publics et privés de soins ou de rééducation relèvent de la section permanente qui prend alors le nom de commission nationale du contentieux de la tarification sanitaire et sociale.

A) *Attributions.* — En premier ressort, la commission interrégionale de la tarification sanitaire et sociale (cinq en France selon le découpage territorial des cours administratives d'appel) est compétente pour statuer *en matière contentieuse* sur les recours contre les arrêtés de tarification du préfet ou du président du Conseil général des établissements publics ou privés. Ces recours peuvent être portés devant elle dans un délai d'un mois (à partir de la notification ou de la publication) par toute personne physique ou morale intéressée ou par les organismes de Sécurité sociale.

Les décisions fixant le montant des prix de journée ou les dotations globales ont effet à compter de la date prévue dans l'arrêté donnant lieu au litige.

En appel, les recours sont portés devant la Commission nationale du contentieux de la tarification sanitaire et sociale dans le même délai d'un mois.

B) *Composition.* — La commission nationale est présidée par le président de la section sociale du Conseil d'Etat. Elle comprend des membres choisis parmi les membres du Conseil supérieur de l'Aide sociale. Des commissaires du gouvernement sont désignés par le ministre et choisis parmi les membres du Conseil d'Etat, des tribunaux administratifs et de la Cour des Comptes. Des rapporteurs sont également désignés.

C) *Fonctionnement.* — La commission nationale siège soit en formation plénière présidée par son président, soit en formation ordinaire présidée par un conseiller d'Etat. Elle ne peut valablement statuer que si sont présents au moins la moitié des membres. Un recours en cassation est possible devant le Conseil d'Etat.

VII. — **L'aide médicale**

L'hébergement et les soins aux malades dans les hôpitaux représentent (avec les moyens techniques et financiers de l'époque) la forme la plus ancienne de l'assistance : on sait comment, avant même que la puissance publique ne soit intervenue pour traduire la solidarité de la nation, l'action des communautés religieuses avait ouvert hôtels-Dieu et hospices aux indigents, aux infirmes et aux malades.

La loi du 7 août 1851, dans le cadre de l'assistance communale, prévoyait l'obligation pour les hôpitaux communaux de recevoir gratuitement les malades et infirmes de la commune.

C'est la loi du 15 juillet 1893 qui a posé le principe de *l'assistance à domicile,* et édicté les principes encore en vigueur : libre choix des médecins, remboursement des frais médicaux, pharmaceutiques et appareils de prothèse, hospitalisation dans des établissements publics ou privés agréés, etc.

Le trait le plus notable de la *réforme de 1953* consiste dans l'encouragement donné aux soins à domicile, connu sous le vocable anglo-saxon de *Home care,* ce système faisant partie intégrante de la notion américaine et hollandaise de l'hôpital. Il comporte un service de soins qui fonctionne à côté des services traditionnels et qui procure au malade demeuré chez lui un équipement spécialisé, la visite de médecins, le soins d'infirmières et la rémunération de l'aide ménagère pour l'entretien du foyer.

Ces perspectives étaient présentes à l'esprit du réformateur de 1953 : il avait prévu le versement d'une indemnité au malade après deux mois d'indisponibilité totale. Mais c'est une loi du 11 juin 1954 qui institua l'allocation mensuelle aux bénéficiaires de l'aide médicale, pour permettre au malade demeuré chez lui de disposer de ressources susceptibles d'éviter une hospitalisation, et au malade hospitalisé de recevoir un minimum de subsides pour envisager sa sortie et sa remise au travail. Depuis le 1er janvier 1984, l'aide médicale est de la compétence du département à l'exception des frais d'interruption de grossesse non supportés par l'assurance maladie, à la charge de l'Etat.

On évoquera successivement l'admission à l'aide médicale, le règlement départemental d'aide médicale, l'aide médicale à domicile, l'aide médicale hospitalière et la prise en charge de la cotisation d'assurance volontaire ou personnelle à la Sécurité sociale, et enfin l'allocation mensuelle d'aide médicale.

1. **L'admission à l'aide médicale.** — A) *Conditions spéciales d'admission.* — En dehors des règles générales d'admission à l'aide sociale (impécuniosité, etc.), elles tiennent à l'état de santé du demandeur et à sa résidence en France.

Peuvent demander l'aide médicale toute personne malade, les femmes en couches avec la disposition déjà évoquée relative au secret de la naissance, les personnes ayant besoin de prothèse, d'appareillage et de soins para-médicaux, etc.

L'étranger non bénéficiaire d'une convention d'assistance peut bénéficier de l'admission dans un établissement hospitalier, dans un hôpital psychiatrique ou dans un établissement de cure, *sans condition de durée, de résidence,* et de l'aide médicale à domicile, s'il justifie d'une résidence ininterrompue en France métropolitaine depuis au moins *trois ans.*

B) *Procédure d'admission.* — *Un imprimé spécial* est rempli par le demandeur ou l'établissement (liasse d'admission), ou le maire (admission d'urgence).

Des listes annuelles de bénéficiaires peuvent être établies au profit des bénéficiaires de l'aide aux personnes âgées et des anciens titulaires de la carte sociale d'économiquement faible (cette carte n'est plus attribuée). Les départements recourent de plus en plus à la délivrance d'une carte santé qu'ils ont la latitude de créer.

L'admission d'urgence à l'aide médicale est nécessaire lorsqu'il s'agit de soins ou d'hospitalisation d'une personne dont l'état implique une intervention rapide. Elle est prononcée par le *maire,* qui notifie sa décision au président du Conseil général dans les trois jours, avec demande d'avis de réception. L'admission d'urgence à l'aide médicale aux tuberculeux, en ce qui concerne le placement en établissement de cure, est prononcée par le président du Conseil général de la résidence de l'intéressé.

Le pouvoir d'appréciation de la Commission d'Admission est spécialement grand en matière d'aide médicale. Le législateur n'a fixé aucun plafond de ressources qui limite sa décision ; c'est la comparaison des ressources du demandeur et du montant total des frais réels qui détermine seule cette décision.

2. **Le règlement départemental d'aide médicale.** — Partie du règlement départemental d'aide sociale, le règlement d'aide médicale est un document élaboré par le Conseil général selon les dispositions d'un règlement type établi sur instructions ministérielles et qui doit *préciser* les conditions selon lesquelles les prestations sont accordées aux bénéficiaires de l'aide sociale, *fixer* les règles d'admission, soit dans un établissement public de rattachement, soit dans un autre établissement (en cas de force majeure ou de traitement spécial), soit enfin dans un établissement privé agréé.

Pour assurer la coordination des contrôles médicaux, le Conseil général peut organiser un contrôle médical unifié avec les autres organismes payeurs (Sécurité sociale, Mutualité agricole, etc.).

3. **L'aide médicale à domicile.** — Cette forme d'aide médicale assure toutes les prestations courantes, dans

certaines conditions, le libre choix du médecin et de règlement direct des prestations.

A) *Prestations fournies.* — L'aide médicale à domicile comporte les visites et consultations de médecins, chirurgiens, dentistes, etc., les soins donnés par les auxiliaires médicaux, les soins de rééducation fonctionnelle, les traitements spéciaux, la délivrance des produits pharmaceutiques et des appareils orthopédiques, des appareils de prothèse, etc.

B) *Conditions d'attribution.* — Les prestations sont accordées dans les conditions fixées par le règlement départemental, qui détermine en particulier les tarifs de rémunération des médecins et des auxiliaires médicaux ; le nombre des visites que peut effectuer le médecin, sans autorisation préalable ; les soins dentaires autorisés ; les modalités d'attribution des appareils de prothèse et d'orthopédie, etc.

C) *Choix du médecin traitant.* — Lors de son admission, le bénéficiaire de l'aide médicale indique le nom du médecin qu'il choisit, ce praticien devant figurer sur une liste portant engagement de soigner les bénéficiaires de l'aide médicale dans les conditions fixées par le règlement départemental.

D) *Règlement direct des prestations.* — L'assisté n'a jamais à faire l'avance des frais de traitement. Les praticiens sont payés directement par le service de l'aide sociale, selon les tarifs des honoraires et de frais de déplacement fixés au règlement.

Aide médicale aux assurés sociaux. — Les assurés sociaux peuvent bénéficier de l'aide médicale parce qu'ils ne peuvent supporter le ticket modérateur que la législation de Sécurité sociale laisse à leur charge. C'est surtout fréquent en cas d'hospitalisation, mais cela peut apparaître également nécessaire en cas d'aide à domicile.

Ces assurés sociaux sont traités dans les mêmes conditions que les autres assurés ; les prestations dues par les Caisses de Sécurité sociale pour les « assurés-assistés » sont les mêmes et d'un même montant que celles prévues pour les assurés non assistés.

La Caisse de Sécurité sociale supporte la part qui lui incombe selon le tarif des assurances sociales. Le service d'aide médicale supporte la différence entre le tarif de responsabilité fixé par le règlement départemental et les tarifs de remboursement des assurances sociales. Des conventions peuvent être passées entre les caisses et le département.

4. **L'aide médicale hospitalière.** — L'aide médicale hospitalière est théoriquement liée à la notion d'hôpital de rattachement.

Selon le règlement départemental d'aide médicale, toute commune est rattachée, pour le traitement de ses malades, à l'établissement public le plus proche, au centre hospitalier du département, au centre hospitalier régional, s'il s'agit de soins spéciaux.

L'admission dans un établissement public autre que ces derniers ne devrait intervenir que pour les cas de force majeure. En principe, les frais de séjour en établissement privé non agréé ne sont pas pris en charge par l'aide médicale.

Les soins médicaux sont évidemment les mêmes, que le malade soit bénéficiaire de l'aide médicale, assuré social, ou malade payant.

Pour les bénéficiaires de l'aide médicale, il ne peut y avoir d'avance demandée à l'assisté.

Il appartient au Service d'Aide sociale de faire l'avance des frais d'hospitalisation et d'effectuer les récupérations sur l'intéressé ou ses débiteurs d'aliments si la prise en charge n'est que partielle. Il verse en conséquence, à l'établissement, l'intégralité du prix de journée ou s'il s'agit d'un assuré social, la partie de ce prix non prise en charge par la Sécurité sociale. Le

Service d'Aide médicale intervient en pratique si le coefficient K est inférieur à 50 ; en effet, si le coefficient K est égal ou supérieur à 50, ou s'il s'agit d'une des maladies de longue durée, la Sécurité sociale paie l'intégralité du prix de journée, à l'exception du forfait journalier institué en 1983 que l'aide médicale peut également prendre en charge.

L'hospitalisation au titre de l'aide médicale, de l'aide aux tuberculeux et de l'aide aux malades mentaux ne comporte pas l'obligation d'affecter au remboursement des frais 90 % des ressources de toute nature de ses bénéficiaires, comme pour l'hébergement des personnes âgées.

Les auteurs de la réforme de 1953 ont voulu laisser la plus grande liberté d'appréciation à la Commission d'Admission. Celle-ci doit tenir compte des charges qui continuent d'incomber au malade (loyer, charges diverses, enfants, etc.), de la nécessité de prévoir sa sortie et de faciliter sa réadaptation sociale grâce à la disposition de ressources.

5. **Prise en charge par l'aide médicale de la cotisation d'assurance personnelle.** — Réforme de grande portée qui doit permettre pratiquement à la totalité de la population — *salariée ou non* — de bénéficier de l'assurance-maladie, son premier jalon est posé par les ordonnances de 1967, son second par la loi du 2 janvier 1978.

L'ordonnance 67-709 du 21 août 1967 dispose :

« La cotisation (d'assurance volontaire) est à la charge exclusive des assurés volontaires ». « Toutefois, en cas d'*insuffisance des ressources,* tenant notamment à l'incapacité de se livrer à une activité professionnelle rémunératrice, la *cotisation* des intéressés peut être *prise en charge,* en totalité ou partiellement, par le *Service départemental d'Aide sociale...* »

La loi du 2 janvier 1978, relative à la généralisation de la Sécurité sociale, a créé le régime de l'assurance personnelle qui se substitue à l'assurance volontaire. La cotisation peut également être prise en charge par l'aide médicale. Ces cotisations sont à la charge du département.

a) *Procédure d'adhésion.* — Les demandes d'adhésion à l'assurance personnelle doivent être souscrites auprès de la Caisse primaire d'Assurance-Maladie dans la circonscription de laquelle se trouve la résidence des intéressés. Une copie de cette demande est transmise *par la caisse* à la mairie de résidence du postulant.

Le CCAS de celle-ci constitue alors un dossier d'aide sociale, selon la procédure habituelle. La demande d'aide médicale (modèle 601), qui comporte la liste de toutes les formes d'aide sociale, est complétée par la formule « cotisation d'assurance personnelle ».

Les justifications concernant l'impossibilité de se livrer à une activité professionnelle rémunératrice doivent être annexées à la demande. La Commission d'Admission sera complétée par un médecin expert qui vérifiera, sur le plan médical, le bien-fondé de ces justifications.

b) *Conditions de prise en charge par l'aide médicale.* — La Commission d'Admission n'a pas à examiner si le demandeur remplit les conditions d'affiliation à l'assurance personnelle, mais seulement les droits de l'intéressé à bénéficier de la prise en charge de ses cotisations ; elle prononce par exemple une décision d'admission dans la mesure où, s'agissant de frais médicaux d'un montant annuel égal à celui de ces cotisations, elle aurait admis l'intéressé au bénéfice de l'aide médicale ordinaire.

Outre les notifications habituelles, la décision de la Commission d'Admission est notifiée à la Caisse primaire qui a transmis la demande initiale.

En cas de rejet, la caisse demande à l'intéressé de régler lui-même le montant de la cotisation.

En cas d'admission totale, le Service de l'Aide sociale règle trimestriellement à la caisse le montant des cotisations. Si l'admission n'est que partielle, le Service de l'Aide sociale règle la part qui lui incombe, et la caisse récupère elle-même la part due par l'intéressé et ses débiteurs d'aliments le cas échéant.

A noter qu'en dehors d'autres dispositions relatives aux handicapés, sur lesquelles nous reviendrons dans le prochain paragraphe, la loi du 30 juin 1975 d'orientation en faveur des handicapés a prévu que les handicapés adultes, bénéficiaires de l'allocation aux adultes handicapés, sont affiliés d'office à l'assurance maladie et maternité. Cette affiliation est automatique, sauf renonciation exprès des intéressés, et la cotisation est prise en charge par l'assurance maladie depuis le 1er janvier 1986[1].

6. **L'allocation mensuelle d'aide médicale.** — La loi du 11 juin 1954, instituant une allocation mensuelle d'aide médicale, est venue modifier des dispositions de la loi de 1983 que le décret du 29 novembre 1953 paraissait avoir abrogé. Elle traduit un courant d'opinion en faveur de l'attribution d'une allocation aux malades bénéficiaires de l'aide médicale, que la privation de ressources conduisait à demander l'admission dans un établissement hospitalier pour être logés et nourris gratuitement.

A) *Conditions d'attribution de l'allocation d'aide médicale.* — Pour prétendre à cette allocation, il faut être âgé de plus de quinze ans[2], incapable d'exercer une

1. Avant le 1er janvier 1986, elle était à la charge de l'aide sociale de l'Etat.
2. En fait 16 ans, fin de l'obligation scolaire.

activité professionnelle, admis à l'aide médicale ou à l'aide aux tuberculeux, sans qu'aucune participation ait été laissée à sa charge, *depuis au moins trois mois,* ne bénéficier, au titre d'une autre législation, d'aucune pension, allocation ou indemnité d'un montant au moins égal au montant de l'allocation sollicitée (les allocations familiales ou les allocations au titre de l'aide à la famille ou de l'aide à l'enfance ne sont pas prises en considération).

B) *Procédure d'attribution.* — L'allocation est accordée à l'intéressé, sur sa demande, *par le président du Conseil général* du département qui assume la charge des frais d'hospitalisation ou de l'aide à domicile.

La décision n'est donc pas prise par la Commission d'Admission. L'exécutif départemental se borne à une constatation de fait : l'écoulement d'un délai de trois mois et l'impossibilité pour l'intéressé de travailler. S'il s'agit d'une demande d'allocation pour un malade à domicile, l'incapacité d'exercer une activité professionnelle est appréciée sur le vu d'un certificat traitant et, le cas échéant, après enquête complémentaire.

La décision portant attribution ou suppression de l'allocation peut faire l'objet d'un recours devant la Commission départementale et en appel devant la Commission centrale d'Aide sociale, comme pour les autres formes d'aide sociale.

C) *Montant de l'allocation.* — Son montant est égal à celui de l'allocation simple aux personnes âgées, s'il s'agit de malades à domicile. L'allocation est réduite au tiers s'il s'agit de malades hospitalisés.

Elle ne peut se cumuler avec une autre pension ou allocation ainsi qu'on l'a vu.

L'allocation est suspendue lorsque les conditions d'attribution cessent d'être remplies. La révision des allocations en cours intervient tous les trimestres.

VIII. — L'aide sociale aux personnes handicapées

Evolution historique. — Si l'on excepte la loi de 1905 — qui n'était pas spécifiquement une mesure d'aide sociale aux infirmes, puisqu'elle associait les personnes âgées, les infirmes et les incurables dans une forme unique d'aide —, les premières dispositions légales d'aide aux diminués physiques ont concerné les victimes de la guerre 1914-1918 avec la création de l'Office des Anciens Combattants et des centres de rééducation professionnelle qui lui étaient rattachés.

Par la suite, la législation de la Sécurité sociale a progressivement assimilé les nouvelles possibilités de réadaptation au profit des victimes d'accidents du travail et des bénéficiaires de la longue maladie et de l'invalidité. Les Caisses de Sécurité sociale créèrent à leur tour des établissements de réadaptation fonctionnelle et de rééducation professionnelle. Toutefois, la législation de 1905 a continué longtemps d'ignorer les possibilités de récupération des infirmes, sauf par le biais de la prise en charge des frais de rééducation au titre de l'AMG[1].

On sortit du cadre de l'assistance médicale gratuite avec l'ordonnance du 3 juillet 1945 qui inclut parmi les notions traditionnelles d'assistance aux aveugles les principes de la réadaptation, de la rééducation professionnelle et de l'assistance par le travail, sanctionnés par la création d'une allocation de compensation pour les aveugles qui travaillent.

1. Assistance médicale gratuite, ancienne dénomination de l'aide médicale.

Ces dispositions, mises au point pour les aveugles, ont été ensuite élargies à l'ensemble des grands infirmes, atteints d'une incapacité de 80 %, par la loi du 2 août 1949 qui porte le nom de son promoteur, le Dr Denis Cordonnier, député-maire de Lille. Cette loi a été complétée et modifiée dans le même esprit par la loi du 19 avril 1952 et celle du 20 mars 1954.

Le décret du 29 novembre 1953 maintint les principes de la loi Cordonnier en étendant aux infirmes de moins de 80 % l'accès aux mesures de rééducation, seulement prévues jusqu'alors pour les aveugles et grands infirmes. Ce décret précise les dispositions différenciées qui s'appliquent aux adultes et aux mineurs, infirmes, grands infirmes ou aveugles ; il innove surtout par la création d'une Commission départementale d'Orientation des infirmes assurant dans tous les cas le contrôle technique de l'aptitude de l'infirme à travailler et à être rééduqué.

Il allait de soi cependant que dans le cadre de l'aide sociale traditionnelle n'était pas satisfaisant pour l'aide aux infirmes (bientôt dénommés handicapés). Le système devait être entièrement repensé. Une première étape avait été franchie en 1958 lorsque le bénéfice de l'allocation supplémentaire du Fonds national de Solidarité fut étendu aux personnes handicapées. La deuxième, allant dans le sens des recommandations du rapport Bloch-Lainé, résulta de la loi du 13 juillet 1971. Celle-ci :

— créait une allocation aux mineurs handicapés ;
— instituait une allocation aux handicapés adultes ;
— permettait l'affiliation d'office à l'assurance volontaire maladie et maternité des bénéficiaires de cette dernière allocation ;
— encourageait le travail des handicapés en limitant l'obligation alimentaire, dont ils étaient créanciers, à leurs seuls frais d'entretien.

Les principes d'une nouvelle loi en faveur des handicapés se trouvaient implicitement posés : la loi de 1971 traçait les prémices d'une nouvelle forme d'aide sociale aux personnes touchées par l'infirmité physique ou mentale. Ce fut la « loi d'orientation » du 30 juin 1975 qui remplaça les dispositions antérieures pour mettre en place un système entièrement nouveau[1].

Il n'est pas question de détailler entièrement cette loi fondamentale qui a nécessité plus d'une centaine de textes d'application. On essaiera seulement d'en dresser un tableau global qui portera sur une analyse des principes fondamentaux de la loi, les modalités de sa mise en œuvre, les organismes de décision qu'elle implique, les différentes liaisons qu'elle instaure, enfin la survivance partielle de l'aide sociale.

A) *Analyse des principes de la loi.* — On peut les résumer en trois points :

• C'est la définition des droits fondamentaux des personnes handicapées, c'est-à-dire le droit :

— à la prévention et dépistage ;
— aux soins ;
— à l'éducation, formation, orientation professionnelle ;
— au droit au travail ;
— à la garantie d'un minimum de ressources ;
— enfin à l'intégration sociale.

• C'est la simplification d'une législation devenue trop complexe par suite de ses adjonctions successives :

— la notion de solidarité se substitue à celle d'assistance ;
— la Sécurité sociale prend le relais de l'Aide sociale ;

1. En 1992, le gouvernement annonce la refonte de cette loi.

— la prise en charge par les régimes d'assurance maladie et les Caisses d'Allocations familiales est généralisée ;
— l'intervention de l'Aide sociale subsiste.

• C'est enfin la coordination des différentes actions en faveur des handicapés : famille, Etat, collectivités locales, établissements publics et privés.

• A l'échelon national, on trouve les organismes suivants :

— le Comité interministériel de Coordination en matière d'adaptation et de réadaptation ;
— le Conseil national consultatif des Personnes handicapées.

• A l'échelon départemental, deux commissions sont mises en place :

— la Commission départementale de l'Education spéciale (CDES) pour mineurs[1] ;
— la Commission technique d'Orientation et de Reclassement professionnel (COTOREP) pour les adultes.

• A l'échelon local enfin, au plus près possible des familles se trouvent :

— la Commission de Circonscription, pour les mineurs relevant de l'enseignement préscolaire et élémentaire (CCPE), et la Commission de Circonscription pour ceux du second degré (CCSD).

Ces commissions se substituent à toutes celles qui à divers titres avaient à examiner la situation des handicapés :

— la Commission d'Admission de l'Aide sociale (en partie) ;

1. En fait des enfants et jeunes jusqu'à 20 ans. On emploiera le mot « mineur » pour simplifier.

— la Commission d'Orientation des Infirmes (première et deuxième sections) ;
— les commissions médico-pédagogiques de circonscription (Education) ;
— la Commission médico-pédagogique départementale.

B) *Modalités de mise en œuvre de la loi.* — La mise en œuvre de cette loi s'est traduite dans les faits par la définition des actions et des moyens.

La définition des actions pour les mineurs et les adultes. — Il s'agit :

• Pour les mineurs (jusqu'à 20 ans) :

La loi met en œuvre les actions qui doivent prévenir ou réduire l'aggravation du handicap et donne aux familles de mineurs handicapés les moyens pour que soit respectée l'obligation éducative (éducation spéciale gratuite).

• Pour les adultes :

Les dispositions les concernant visent en particulier la mise au travail, la création de catégories nouvelles d'établissement, des allocations nouvelles.

La loi garantit la formation professionnelle et l'accès à la vie active des handicapés, permet à la personne handicapée d'acquérir l'autonomie maximale possible et lui garantit un minimum de ressources.

La définition des moyens. — L'innovation essentielle est le passage de l'Aide sociale à la Sécurité sociale.

On note donc une simplification et la généralisation de l'intervention des régimes d'assurances maladie ou des Caisses d'Allocations familiales et par conséquent un dessaisissement important de l'Aide sociale.

C) *Les organismes de décision.* — *La Commission de Circonscription (CC).* — Son ressort territorial est fixé par le préfet sur proposition de la CDES. En principe, le cadre retenu est généralement celui des anciennes Commissions médico-pédagogiques de Circonscription (CMPC), mais la nouveauté réside dans l'effort d'harmonisation et d'articulation avec les autres types de secteurs (santé scolaire, PMI, Intersecteur de Psychiatrie infanto-juvénile).

La Commission de Circonscription, compétente pour les enfants relevant de l'enseignement préscolaire et élémentaire (CCPE), est présidée par l'inspecteur de l'Education nationale de la circonscription. La Commission du second degré (CCSD) par l'inspecteur d'Académie. Leur composition est sensiblement identique : deux fonctionnaires « Education », deux « Santé » (un médecin de PMI et un représentant de l'Intersecteur de Psychiatrie infanto-juvénile). Une personne représentative d'établissement privé et deux représentants d'associations de parents. Son but est l'orientation des mineurs vers les établissements qui n'entraînent pas de prise en charge. (En fait, les établissements qui relèvent du ministère de l'Education.)

La Commission départementale d'Education spéciale (CDES). — C'est l'organisme départemental de décision dont on va examiner :

— la composition ;
— les attributions ;
— la procédure de mise en œuvre.

Composition de la CDES (12 membres).

Les membres sont nommés par le préfet sur proposition des administrations et organismes concernés.

Les représentants du ministère de la Santé sont des fonctionnaires de la DASS :

— le directeur départemental des Affaires sanitaires et sociales ;
— le médecin inspecteur départemental de la Santé publique ;
— un inspecteur des Affaires sanitaires et sociales.

Les représentants du ministère de l'Education sont :

— l'inspecteur d'Académie ;
— un inspecteur départemental de l'Education (spécialisée) ;
— un fonctionnaire qualifié de l'Education.

Les représentants des Organismes de Sécurité sociales sont au nombre de trois.

Une personne ayant des responsabilités dans un établissement privé accueillant des enfants handicapés est également désignée.

Les usagers enfin, mandatent :

— un membre d'une Association de Parents d'élèves ;
— un membre d'une Association de Familles d'enfants handicapés.

La présidence est assurée soit par le directeur départemental des Affaires sanitaires et sociales, soit par l'inspecteur d'Académie, soit par un magistrat du tribunal de grande instance.

Attributions de la CDES. — Elles se définissent par l'examen de sa compétence et de ses pouvoirs.

• Sa compétence est la suivante :

— orientation des enfants et adolescents handicapés (handicapés physiques, sensoriels ou mentaux) (et non des enfants relevant des établissements à caractère social) ;
— attribution des aides financières aux familles ayant la charge d'un enfant handicapé :
allocation d'éducation spéciale et ses compléments[1] ;
bourse d'enseignement d'appoint et d'adaptation (proposition au recteur).

1. Trois compléments variables selon la gravité du handicap.

• Ses pouvoirs :
La CDES a pouvoir de décision :

— à l'égard des établissements appelés à recevoir les mineurs handicapés, la décision de la CDES s'impose aux établissements scolaires ordinaires et aux établissements d'éducation spéciale ;
— à l'égard des organismes de prise en charge. Les Caisses d'Assurances maladie, les Caisses d'Allocations familiales, les Commissions d'Aide sociale sont liées par les décisions de la CDES, d'où suppression du contrôle médical (mais possibilité de recours) ;
— à l'égard des enfants, des adolescents et de leurs parents (dont elle doit rechercher l'adhésion), la décision s'impose également (menace de suppression de l'AES). Toutefois, la CDES doit permettre aux familles d'exercer leur choix, c'est-à-dire, sauf cas exceptionnel, leur proposer plusieurs établissements.

La procédure. — Son déroulement comprend :
— La saisine :
La CDES peut être saisie par :

— les parents, ou les personnes qui ont la charge de l'enfant ;
— l'organisme d'Assurances maladie, le service payeur de l'allocation d'Education spéciale ;
— le chef de l'établissement scolaire fréquenté ;
— le DDASS ;
— l'autorité responsable de l'établissement ou service médical ou social intéressé ;
— la commission de circonscription.

Le fonctionnement de la commission. — La transmission des dossiers suit le processus ci-après :

— demande adressée à l'organisme compétent pour verser les prestations familiales au demandeur ;

- l'organisme vérifie si les conditions administratives d'ouverture des droits sont remplies ;
- dans l'affirmative, il transmet la demande à la CDES.

— L'examen des dossiers par la CDES :

La CDES, qui doit se réunir au moins une fois par mois, examine les dossiers étudiés par l'équipe technique :

- elle entend les parents ou le représentant légal ;
- elle peut s'adjoindre à titre consultatif toute personne susceptible de l'éclairer.

— La notification des décisions :

La décision motivée est notifiée par le secrétariat permanent sous pli recommandé avec accusé de réception (en principe).

— Les recours :

Toute décision de la CDES est susceptible de recours :

- recours gracieux devant la commission elle-même ;
- recours contentieux — devant la juridiction du contentieux technique de la Sécurité sociale (le recours gracieux n'est pas nécessaire).

La Commission technique d'Orientation et de Reclassement professionnel (COTOREP). — Sa *composition* : 20 membres, dont un conseiller général élu par son assemblée[1] et 19 membres nommés sur proposition des administrations et organismes concernés et un président (magistrat du siège ou membre de la Commission) désignés par le préfet.

Représentent le ministère de la Santé :

— le directeur départemental des Affaires sanitaires et sociales ;
— un inspecteur des Affaires sanitaires et sociales ;
— un médecin inspecteur de la Santé publique.

1. Un projet de décret en cours prévoit que le département sera davantage représenté.

Représentent le ministère du Travail :

— le directeur départemental du Travail et de l'emploi ;
— un inspecteur du Travail ;
— un représentant de l'Agence nationale pour l'Emploi ;
— un médecin du Travail.

Représente les Anciens Combattants :

— le chef du Service départemental de l'Office national des Anciens Combattants et Victimes de Guerre.

Représentent les organismes de Sécurité sociale :

— un médecin-conseil ;
— quatre représentants des différents organismes.

Représentent les organismes gestionnaires des Centres de Rééducation professionnelle des ateliers protégés et des Centres d'Aide par le travail : 2 personnes qualifiées.

Représentent les Associations de Travailleurs handicapés : 2 personnes qualifiées.

Les organismes syndicaux d'employeurs sont représentés par une personne, de même que les organisations syndicales de salariés.

La COTOREP est divisée en deux sections spécialisées :

— la première section relève de la Direction du Travail. Elle attribue la qualité de travailleur handicapé et oriente vers un milieu de travail adapté (ordinaire ou protégé : atelier protégé ou CAT) ;
— la seconde section relève de la DASS. Elle détermine le taux d'invalidité, se prononce sur l'opportunité d'attribution des différentes allocations prévues. Elle se prononce aussi sur l'orientation et l'admission dans un service spécialisé relevant de l'article 46, de la loi (Maison d'accueil spécialisée).

Sa *compétence* : elle est pratiquement totale. En effet :

— elle est compétente pour connaître la situation de l'ensemble des handicapés adultes ;
— elle apprécie l'aptitude au travail, reconnaît et attribue la qualité de travailleurs handicapés ; se prononce sur l'orientation et le reclassement professionnels ;
— elle apprécie le taux d'invalidité, détermine si l'état de la personne handicapée justifie l'attribution de l'allocation aux adultes handicapés (et/ou) de l'allocation compensatrice et de l'allocation logement ; elle se prononce sur l'orientation de l'admission dans les établissements spécialisés.

Ses *pouvoirs* : la COTOREP a donc pouvoir de décision dans les mêmes conditions que la CDES, mais c'est la personne handicapée et non la famille qui est l'objet de la décision.

La procédure administrative. — Elle se déroule comme suit :

— La saisine :

— le handicapé lui-même ;
— les parents ou les personnes qui ont la charge effective du handicapé ;
— le directeur des Affaires sanitaires et sociales et le directeur du Travail et de l'emploi ;
— l'Agence nationale pour l'Emploi (avec l'accord du handicapé) ;
— l'organisme d'Assurance maladie intéressé et celui qui doit verser une allocation au handicapé ;
— l'autorité responsable de tout centre, établissement ou service médical ou social intéressé.

Le *fonctionnement* : mêmes principes que la CDES.

Le *contentieux* : recours gracieux et contentieux technique de la Sécurité sociale (art. 14 de la loi).

D) *Les liaisons et articulations instaurées.* — C'était le point faible des anciennes législations. La nouvelle les instaure à tous les niveaux. Elles visent, en particulier, toutes les liaisons à établir entre :

— les différentes administrations (Santé, Travail, Education) ;
— les structures d'accueil (les établissements doivent signaler les places vacantes) ;
— les équipes éducatives des écoles et les parents ;
— tous les services concourant, d'une manière ou d'une autre, à la prévention générale au niveau des secteurs (santé scolaire, PMI, certificats de santé), Intersecteur de Psychiatrie infanto-juvénile, centres médico-psycho-pédagogiques (CMPP) et centres d'action médico-sociale précoce (AMSP) ;
— la CDES et la COTOREP : pour les handicapés atteignant la fin de leur scolarité ou leur vingtième année, la CDES envoie le dossier à la COTOREP.

E) *La survivance de l'Aide sociale.* — La nouvelle législation devait faire disparaître l'Aide sociale : elle n'a pas totalement réussi : en fait, l'Aide sociale aux personnes handicapées survit à la loi d'orientation comme l'Aide médicale survit à la généralisation théorique de l'assurance maladie.

Voyons quelles sont, en définitive, les « atteintes » portées au principe de l'Aide sociale et la survivance de ses interventions.

1. *Atteintes portées au principe de l'Aide sociale.* — Les dispositions relatives à l'obligation alimentaire et aux successions :

— Obligation alimentaire :

Les décisions intervenant en faveur des personnes handicapées dans le cadre de l'Aide sociale ne doivent pas tenir compte des possibilités contributives des débiteurs d'aliments.

Pour les mineurs : ces dispositions relèvent du principe de la gratuité totale de l'éducation. Il n'est donc tenu aucun compte des ressources des parents.

Pour les adultes : le handicapé doit contribuer aux frais de son hébergement (principe de l'autonomie). Mais il doit le faire sur ses propres ressources, étant entendu qu'un minimum lui est garanti.

De même, les plafonds d'attribution d'allocation ne tiennent compte que des ressources propres de la personne handicapée et éventuellement de son conjoint.

— Successions :

Les recours prévus à l'article 146 du Code de la Famille et de l'Aide sociale (récupérations sur successions), les prises d'hypothèque qui existent pour les autres prestations d'aide sociale sont supprimés si les héritiers sont le conjoint du handicapé, ses enfants ou la personne qui l'avait à charge de façon constante.

— Rôle des commissions d'admission :

Le rôle des commissions d'admission est réduit quand il n'est pas totalement supprimé.

— Réduction du rôle des commissions d'admission :

En matière d'attribution de la carte d'invalidité les demandes sont transmises à la CDES ou la COTOREP (selon l'âge), qui sont compétentes pour le taux d'invalidité. Mais la Commission d'Admission peut également être saisie si aucun autre avantage n'est sollicité.

En matière de prise en charge et d'attribution d'allocations, la CDES et la COTOREP prennent des décisions et ces décisions s'imposent à l'aide sociale, aux organismes de Sécurité sociale et aux Caisses d'Allocations familiales. Dans la législation antérieure, la Commission d'Orientation des Infirmes (CDOI) se bornait à donner son avis.

— Dessaisissement des commissions d'admission :

• Maintien des droits acquis : c'est l'autorité administrative qui attribue et liquide l'allocation différentielle versée au titre de l'Aide sociale relevant de l'Etat. Il s'agit donc d'une décision préfectorale.

A noter que les voies de recours demeurent :

— la Commission départementale d'Aide sociale ;
— puis la Commission centrale.

• L'allocation compensatrice : c'est le président du Conseil général qui attribue cette allocation après décision de la COTOREP. Les décisions de l'exécutif départemental restent également soumises au contentieux de l'Aide sociale.

• Recours contentieux. — En matière d'attribution d'allocations (allocation d'éducation spécialisée et allocation aux adultes handicapés), les décisions de la CDES et de la COTOREP relèvent du contentieux technique de la Sécurité sociale (Commission régionale d'invalidité, Commission nationale technique), quel que soit l'organisme de prise en charge ou l'Aide sociale, à qui elles s'imposent.

2. *Survivance des interventions de l'Aide sociale.* — *En ce qui concerne les mineurs :* l'Aide sociale continue à délivrer des prises en charge pour les frais d'entretien des mineurs dans les établissements de soins et d'études spécialisés (art. 178 du Code de la Famille et de l'Aide sociale).

Ces prises en charge interviennent pour :

— les enfants qui ne seraient pas ayants droit d'assurés sociaux et qui ne peuvent bénéficier à ce titre de la gratuité de l'éducation spéciale ;
— les frais qui ne seraient pas couverts au titre de l'assurance maladie (placements familiaux non

sanitaires ou placements dans un établissement qui ne serait pas agréé au titre de la Sécurité sociale, mais le serait au titre de l'Aide sociale).

En vertu du maintien des droits acquis, une allocation différentielle est versée aux bénéficiaires de l'aide sociale qui perçoivent une nouvelle allocation à un taux inférieur à celui qu'ils percevaient dans le cadre de l'ancienne législation.

En ce qui concerne les adultes : ces interventions rejoignent celles qui ont été signalées pour les mineurs :

— frais non couverts par l'assurance maladie ; la situation est la même que pour les mineurs. L'intéressé qui remplit les conditions techniques (taux d'incapacité) pour bénéficier d'une prise en charge en établissement, mais qui en est exclu pour absence de certaines conditions administratives (établissement non agréé, droits non ouverts), est pris en charge au titre de l'Aide sociale.
— droits acquis : mêmes règles que pour les mineurs ;
— par ailleurs, les personnes handicapées bénéficient des mêmes aides que les personnes âgées (cf. IX) : aide à domicile et aide au placement chez un particulier ou dans un établissement ;
— les travailleurs handicapés qui ne peuvent être embauchés en milieu ordinaire de travail ou en atelier protégé sont admis en centres d'aide par le travail. L'aide sociale de l'Etat prend en charge les frais de fonctionnement de ces centres, sous la forme, depuis le 1er janvier 1986, d'une dotation globale de financement ;
— l'allocation compensatrice : c'est une prestation d'Aide sociale attribuée, après décision de la COTOREP statuant sur les conditions techniques, par le président du conseil général.

Ces différentes prestations sont à la charge de l'aide sociale relevant du département, à l'exception de l'allocation différentielle (droits acquis) et des frais de fonctionnement des centres d'aide par le travail, à la charge de l'aide sociale de l'Etat.

IX. — L'aide sociale aux personnes âgées[1]

La loi de 1851 imposait aux hospices communaux l'obligation de recevoir — dans la limite de leurs possibilités — les « vieillards, infirmes et incurables ». Celle de 1905 prévoyait déjà une allocation en espèces à ces déshérités. Mais le problème social de la vieillesse n'apparut qu'avec les bouleversements des deux guerres mondiales. Les dévaluations monétaires avaient entraîné l'appauvrissement de classes sociales qui auraient dû normalement vivre décemment de leurs économies. Simultanément, un certain nombre de personnes âgées étaient sinistrées ou réfugiées. Enfin, le vieillissement de la population française et le prolongement de la longévité humaine accroissaient le nombre de personnes âgées et donnaient au problème une particulière ampleur.

C'est alors que s'imposa une législation sociale pour répondre à ce qui est devenu un grand problème social de notre époque.

Comme en matière d'aide médicale, on s'imagina, un temps, que la mise en place de la Sécurité sociale allait rendre inutiles les interventions de l'Aide sociale. Il fallut bien admettre qu'il n'en était rien, et que les deux institutions devaient concourir parallèlement à la protection sociale des quelque sept millions de Français âgés de plus de soixante-cinq ans.

A) *La Sécurité sociale.* — Succédant aux Assurances sociales, elle concerne, à l'origine, les seuls salariés. La

1. Cf. *Le quatrième âge,* « Que sais-je ? », n° 2454.

loi du 30 avril 1930 organise un régime garantissant aux salariés des professions industrielles et commerciales, entre 60 et 65 ans, une pension proportionnelle au montant des cotisations versées. Ce régime, repris par l'ordonnance du 19 octobre 1945, a été étendu aux salariés agricoles, puis à tous les salariés.

Mais ces mesures ne devant produire leur effet maximum qu'après trente ans de cotisations, avec une retraite minimum après quinze ans de cotisations, la loi du 14 mars 1941, confirmée par l'ordonnance du 2 février 1945, institua l'allocation aux vieux travailleurs salariés.

La généralisation à toute la population française d'un régime unique de prévoyance avait été édictée par la loi du 22 mai 1946, mais devant les réactions des organisations professionnelles intéressées, la loi du 17 janvier 1948 a prévu la constitution de quatre caisses de non-salariés (professions industrielles et commerciales, libérales, artisanales et agricoles).

Un très grand nombre de régimes complémentaires complète cet édifice qui devait donc amener la diminution progressive de l'aide sociale en *espèces* aux personnes âgées, laquelle ne peut se cumuler avec les allocations de la Sécurité sociale ou d'un régime assimilé.

B) *L'Aide sociale.* — Après la dernière guerre mondiale, l'aide sociale aux personnes âgées fut progressivement dissociée de l'assistance aux infirmes et incurables, que la loi de 1905 englobait, ainsi qu'on l'a vu, dans une forme unique d'assistance. Une série de textes intervint pour donner à l'aide sociale aux personnes âgées le caractère qu'elle a aujourd'hui :

— *La loi du 2 août 1949* a élargi le champ d'action de l'aide sociale aux personnes âgées, en créant la *carte sociale d'économiquement faible,* qui instituait la protection légale de ses détenteurs, en leur permettant de bénéficier automatiquement d'un certain nombre d'avantages.

— *La loi du 30 juin 1956* a créé le Fonds national de Solidarité ; il n'entre pas dans le cadre de l'Aide sociale, mais lui emprunte certains caractères. L'allocation versée s'ajoute aux allocations aux personnes âgées et aux personnes handicapées, dans la limite d'un plafond de ressources fixé par décret.

— *La loi du 22 mai 1951* a institué l'allocation compensatrice des augmentations de loyers, pour compenser les hausses de loyers provoquées par la loi sur les loyers du 1er septembre 1948.

— *Le décret du 15 mai 1961* lui a substitué « l'allocation de loyer » qui prenait en charge les trois quarts du loyer. Toutefois la loi du 1er juillet 1971 a remplacé cette allocation par l'allocation de logement à caractère social.

— Enfin, *les décrets du 14 avril 1962* ajoutèrent une aide en nature, sous forme de services ménagers, ou une aide pécuniaire représentative de ces services.

Cet ensemble législatif marque, par rapport à 1905, un progrès considérable, d'autant que les taux et plafonds d'aide sociale sont régulièrement augmentés ; mais ses insuffisances ont été soulignées par le rapport de la Commission d'Etudes des problèmes de la vieillesse, connu sous le nom de son président, M. Pierre Laroque (décret du 8 avril 1960). Déposé en 1962, le rapport Laroque fait encore autorité aujourd'hui.

L'Aide sociale garde ainsi de très larges secteurs d'aide aux personnes âgées, d'autant que les problèmes posés deviennent de moins en moins économiques[1] (les salariés arriveront à l'âge de la retraite avec des pensions décentes) pour devenir psychologiques et sociaux : c'est le problème de l'inactivité, de l'isolement au sein des cités modernes, etc. Dans ce domaine, l'Aide sociale intervient en finançant des services d'aide matérielle et d'aide psychosociale à domicile.

On examinera ci-après les conditions d'accès à l'Aide sociale et ses différentes formes.

1. **Conditions d'accès à l'aide aux personnes âgées.** — Elles sont au nombre de trois :

A) *Une condition d'âge.* — Il faut être âgé de soixante-cinq ans au moins, ou de soixante ans en cas

1. Sauf pour les personnes très âgées qui deviennent dépendantes et pour lesquelles une allocation spécifique est prévue (1992).

d'inaptitude au travail ; en ce cas, la Commission d'Admission est complétée par un médecin expert qui donne son avis sur cette inaptitude.

B) *Une condition d'impécuniosité.* — Il faut être dépourvu de ressources ou avoir des ressources insuffisantes, soit par rapport aux plafonds de ressources réglementaires pour l'attribution des aides en espèces et en nature à domicile, soit par rapport au prix de journée, en cas de placement.

C) *Une condition de résidence.* — Il faut être Français résidant ou être ressortissant résident d'un pays signataire avec la France d'une convention d'assistance réciproque, ou étranger résidant en France depuis quinze ans au moins, avant l'âge de soixante-dix ans. Toutefois, cette condition de durée de résidence n'est pas exigée pour un placement en établissement social.

2. **Différentes formes d'aide aux personnes âgées.** — Alors que l'assurance-vieillesse alloue des prestations financières proportionnelles aux versements effectués, l'Aide sociale dispose d'une gamme d'interventions que l'on peut classer en deux groupes : l'aide à domicile et l'aide par le placement.

A) *L'aide à domicile.* — L'orientation générale de l'aide sociale aux personnes âgées est de maintenir ces dernières à leur domicile le plus possible, pour des raisons psychosociales évidentes, autant que pour des raisons financières (compte tenu du coût des placements). L'aide à domicile comprend l'aide en nature. Une aide en espèces et des aides facultatives des CCAS.

a) *L'aide en nature :*

• *L'aide médicale à domicile* (notamment soins infirmiers à domicile), dont le fonctionnement a été étudié au VII.

• *L'aide ménagère :* il s'agit de services ménagers, accordés aux personnes âgées qui ont besoin de tels services pour leur vie quotidienne. Un service « d'aide ménagère » peut être organisé par le CCAS, un groupement intercommunal, un centre social, ou une association créée à cet effet.

La durée mensuelle de ces services est fixée par la Commission d'Admission, dans la limite de trente heures par mois. (Cette durée est réduite de un cinquième pour chacun des bénéficiaires, lorsque ceux-ci habitent ensemble).

L'aide ménagère est accordée sans conditions d'un état de santé défini. Elle a pour but de permettre le maintien, à leur domicile, le plus longtemps possible, de personnes âgées qui ont besoin d'aide matérielle pour assumer leurs travaux ménagers, courses, nettoyages, etc.

• La participation aux frais de repas dans les foyers-restaurants habilités, sur décision de la Commission d'Admission.

Le rapport Pierre Laroque accorde une importance justifiée aux *foyers-restaurants* : ces établissements, le plus souvent gérés par les CCAS, fournissent aux personnes âgées d'un quartier des repas équilibrés à prix réduit. Ces foyers-restaurants comportent souvent des salles d'activité ou de loisirs (jeux de cartes, télévision, etc.) analogues à ceux des clubs dans lesquels ils sont souvent insérés.

Les dépenses afférentes au fonctionnement de ces foyers sont remboursées par les Services d'Aide sociale pour la part qui n'est pas couverte par la participation des intéressés et les ressources propres du foyer, et selon un prix de repas fixé par arrêté du président du Conseil général.

Pour bénéficier d'une prise en charge, les Services de repas doivent être habilités par ce dernier.

Peuvent l'être les foyers créés par les CCAS, les foyers créés par les Conseils municipaux et gérés directement sous leur autorité, les foyers privés, dès l'instant qu'ils répondent à un besoin et fonctionnent régulièrement avec un effectif suffisant de personnes accueillies.

b) *L'aide en espèces.* — L'aide sociale en espèces allouée à domicile aux personnes âgées comprend une allocation de base à laquelle s'ajoute l'allocation supplémentaire du Fonds national de Solidarité, l'allocation représentative des services ménagers lorsque aucune organisation de services ménagers effectifs n'a été mise en service.

• *Allocation de base :* l'allocation simple.

Elle peut être accordée à taux plein ou à taux réduit si le requérant ne perçoit aucun avantage vieillesse, ce qui maintenant est exceptionnel. Le montant de cette allocation est fixé par décret ; il est égal au montant de l'allocation minimale aux personnes âgées. Il ne peut se cumuler avec un avantage de vieillesse et n'est cumulable avec les ressources personnelles du postulant que dans la limite d'un plafond réglementaire. L'allocation de logement, éventuellement accordée, n'entre pas dans le décompte des ressources personnelles.

La demande d'allocation spéciale est déposée au CCAS : elle est accordée par la Commission d'Admission. Il s'y ajoute l'allocation du Fonds national de Solidarité. Allocation minimale et allocation supplémentaire du Fonds national de Solidarité constituent le minimum de ressources pour les personnes résidant en France de plus de soixante-cinq ans.

• *L'allocation représentative des services ménagers :* lorsqu'il n'existe aucun service organisé dans la commune ou lorsque celui-ci est insuffisant, ou si les intéressés préfèrent le versement d'une allocation en espèces, une allocation représentative de services ménagers peut être versée. Les conditions de plafond de ressources sont les mêmes que pour les services ménagers. Le montant de cette allocation représentative ne peut dépasser 60 % du coût des services ménagers susceptibles d'être accordés au bénéficiaire.

Il est recommandé aux commissions d'admission d'accorder la prestation en nature de services ménagers, de préférence à l'allocation représentative, car l'institution des services ménagers « tend non seulement à apporter une aide matérielle, mais encore à assurer un lien sécurisant entre les personnes isolées et le service dont l'efficience la plus grande réside dans le caractère préventif qu'il revêt ». En conséquence, les collectivités locales ont été invitées à procéder à l'organisation de tels services. D'autre part, les personnes ayant demandé le bénéfice de l'allocation représentative devront justifier d'une utilisation conforme à sa destination.

c) *Aides facultatives des CCAS* : c'est dans ce domaine que l'Aide sociale, qui n'est soumise à aucune contrainte administrative, se montre particulièrement inventive, en créant des réalisations originales et en coordonnant l'action des institutions privées.

Traditionnellement, les CCAS distribuaient des bons d'alimentation, de charbon, de vêtements, etc. Ils ont pris l'initiative de susciter la création des foyers-clubs pour les personnes âgées, des centres de jour, des services de vacances et de loisirs, des goûters, des séances récréatives, etc., mettant en œuvre une véritable stratégie gérontologique.

Les *clubs* sont des lieux de rencontres entre les personnes âgées qui font connaissance et nouent des relations amicales et ouvertes en vue de loisirs et de projets communs (jeux de cartes, conférences, expositions, voyages).

Les centres de jour ont un rôle thérapeutique et sont placés sous contrôle médical. Ils prennent en charge les personnes âgées qui sont handicapées physiques ou psychologiques, en vue de les maintenir par des soins et des activités, dans le maximum d'autonomie. Leur action permet de maintenir à leur domicile des personnes dont le cas relevait de l'hôpital ou de la maison de retraite.

Les services de vacances et de loisirs sont souvent un pôle d'attraction de la gérontologie sociale. Comme les clubs et les foyers-restaurants, ils constituent un élément important dans la lutte contre la passivité et l'auto-ségrégation des personnes âgées. Ils peuvent attirer le mécénat et les dévouements privés, et contribuer à sortir de leur isolement bon nombre de personnes âgées.

B) *L'aide aux personnes âgées par le placement.* — Le placement des personnes âgées qui ne veulent ou ne peuvent rester à leur domicile peut intervenir, soit, assez rarement, chez des particuliers, soit dans un établissement public ou privé agréé.

a) *Le placement familial.* — Le placement familial ou placement chez des particuliers n'est pas sans analogie avec le placement des mineurs du Service de l'Aide à l'Enfance. Il est régi par la loi du 10 juillet 1989 et les décrets du 22 juin 1990. Un contrat est passé entre l'accueillant et l'accueilli. La prise en charge par l'aide sociale du placement familial des personnes âgées comporte l'octroi d'une rémunération à la famille d'accueil et la remise d'argent de poche au pensionnaire.

C'est une convention, passée entre le président du Conseil général et la famille d'accueil, qui règle les modalités du placement, dont la prise en charge est décidée par la Commission d'Admission dans les conditions normales.

b) *Le placement en institution.* — Selon le degré d'autonomie que les personnes âgées peuvent ou désirent conserver, le placement institutionnel comporte soit le logement seulement, tel est le cas des logements-foyers où les pensionnaires conservent leur indépendance, soit l'ensemble de l'entretien, c'est le cas des hospices et maisons de retraite.

Lorsque le placement ne comporte que le logement (cas des « logements-foyers »), le président du Conseil général détermine la somme au-delà de laquelle est opéré le prélèvement de 90 % sur les ressources, visé à l'article 142 du Code de la Famille et de l'Aide sociale. Cette somme (dite « franchise ») est destinée à permettre à la personne âgée d'assurer par ses propres moyens sa nourriture et son entretien. Elle ne peut être inférieure au minimum vieillesse.

Dans les hospices et maisons de retraite, les personnes âgées sont prises en charge en totalité : entretien, nourriture, soins médicaux, voire corporels pour les personnes âgées devenues dépendantes, etc.

Depuis la loi du 6 janvier 1986, les personnes âgées hébergées en établissements sociaux peuvent percevoir elles-mêmes leurs ressources et verser leur contribution directement. Elles peuvent toutefois opter pour la gestion de leurs ressources par le comptable ou se voir imposer ce système si elles ne s'acquittent pas régulièrement de leur contribution financière. Dans ce cas, les intéressés déposent leurs titres de pension et de rente entre les mains du comptable de l'établissement et lui donnent tous pouvoirs nécessaires à l'encaissement de ces revenus. Il leur est restitué, à titre d'argent de poche, 10 % de cette somme avec un minimum réglementaire, les 90 % viennent en déduction du prix de journée pris en charge par l'Aide sociale.

Le président du Conseil général peut habiliter des établissements publics ou privés.

L'aide sociale aux personnes âgées est à la charge du département, à l'exception de l'allocation simple qui est financée par l'aide sociale de l'Etat.

Annexe

Le Fonds national de Solidarité

Cette institution nécessite une mention finale en raison de son caractère particulier.

Le Fonds national de Solidarité. — Le Fonds national de Solidarité n'est pas une prestation d'aide sociale. Il a été créé par la loi du 30 juin 1956 dans le cadre de la législation de Sécurité sociale pour promouvoir une politique de protection des personnes âgées. Il est doté de la personnalité civile et de l'autonomie financière. Son administration incombe au ministre de la Santé publique, assorti d'un comité composé de représentants de l'Etat et des régimes d'assurances vieillesse. Sa gestion financière est assurée par la Caisse des Dépôts et Consignations.

La décision d'attribution de l'allocation supplémentaire est prise par l'organisme qui accorde l'avantage principal, c'est-à-dire soit la Sécurité sociale, soit plus rarement l'Aide sociale. Dans ce dernier cas, la demande est présentée et instruite comme en matière d'aide sociale. Cependant, le pouvoir de décision appartient au préfet (qui peut déléguer ses pouvoirs aux DASS) et non à la Commission d'Admission. Sa décision est notifiée à l'intéressé dans les mêmes conditions que la décision de la Commission d'Admission. Elle doit être motivée. Elle peut être frappée d'appel, comme les décisions des commissions d'admission.

Le nombre des bénéficiaires du Fonds national de Solidarité est de l'ordre de un million trois.

X. — Les aides sociales aux familles

On regroupe sous le vocable *Aides sociales aux familles,* l'ancienne assistance ou aide sociale à la famille (qui n'est citée que pour mémoire), les allocations mensuelles d'aide à l'enfance et les allocations aux familles dont les soutiens indispensables effectuent leur service national (dites allocations militaires).

1. **Les allocations mensuelles d'aide à l'enfance.** — Les allocations mensuelles d'aide à l'enfance se sont substituées à l'aide sociale à la famille ; cumulables avec les allocations familiales, elles peuvent atteindre un taux élevé, leur maximum pouvant être égal voire dépasser le montant de la pension versée aux assistantes maternelles du Service de l'Aide sociale à l'enfance. Attribuées par décision du président du Conseil général, elles peuvent être mandatées rapidement, avec un dossier minimum, hors de la lourde procédure de l'aide sociale traditionnelle.

Leurs conditions et modalités d'attribution ont été évoquées à l'occasion de l'examen de l'Aide sociale à l'Enfance (v. p. 17).

2. **Les allocations militaires.** — Le soutien de famille, pendant son service national, est mis dans l'impossibilité d'exercer sa profession, et il ne peut subvenir à l'entretien de ceux dont il a la charge. Dans certains cas, sa famille peut parer aux difficultés les plus immédiates : sa femme, par un travail professionnel, peut apporter au foyer les ressources indispensables. Mais lorsque la famille est privée de ces ressources, l'Etat doit lui procurer une aide. Celle-ci a été traditionnellement donnée sous le nom « d'allocations militaires ».

Le décret du 29 novembre 1953 fut, jusqu'en 1964, applicable à ces allocations, mais il fut mis fin à ce régime par le décret du 20 avril 1964 qui organise un régime dérogatoire au droit commun de l'aide sociale (pas de commission d'admission) et, corrélativement, le financement intégral de la dépense par l'Etat. Les conditions d'admission, la procédure, et le montant des allocations, sont les suivants :

A) *Conditions d'ouverture des droits.* — Elles sont relatives à la fois au jeune appelé et à sa famille.

a) Le jeune appelé doit, d'une part, *être appelé* dans une formation militaire de terre, de mer, ou de l'air, pour accomplir son temps de service militaire normal, ou effectuer un service « civil » équivalent (au titre de la coopération par exemple) (les engagés ouvrent droit aux allocations seulement pendant la durée légale du service actif) ; d'autre part, *avoir la qualité de soutien de famille* lors de l'appel sous les drapeaux ou le devenir par suite d'événements survenus après cet appel, notamment en cas de mariage ou de naissance.

Pour être considéré « soutien indispensable », le militaire doit justifier qu'il apportait une aide effective à sa famille avant son incorporation et, d'autre part, il faut que l'aide apportée ne puisse être remplacée par celle d'un autre membre de la famille tenu à l'obligation alimentaire (épouse, parents ou beaux-parents).

b) La famille de l'appelé doit également remplir certaines conditions : en raison de l'absence de l'aide apportée précédemment par le jeune incorporé, cette famille ne doit pas disposer de ressources suffisantes. Le préfet bénéficie d'un pouvoir d'appréciation, en ce qui concerne les ressources dont dispose la famille et les possibilités d'aide des personnes tenues à son égard à obligation alimentaire.

Les membres de la famille bénéficiaire sont : l'épouse du militaire appelé, ses enfants de moins de dix-huit ans (enfants légitimes et enfants à charge remplissant les conditions d'âge exigées par la législation sur les prestations familiales), ses ascendants à charge effective avant son incorporation.

Si l'appelé est à la fois le soutien de son épouse et de ses parents, il peut ouvrir droit en complément de l'allocation principale, à une majoration d'ascendants.

Les familles bénéficiaires peuvent résider en France ou hors de France. Les demandes des familles résidant à l'étranger, sont instruites par les consuls.

B) *Procédure d'attribution.* — Elle est dérogatoire au droit commun de l'aide sociale.

Une instruction ministérielle du 21 mai 1973 unifie la procédure d'attribution de la qualité de soutien de famille, et la procédure d'attribution des allocations militaires. Dans les deux cas, la demande est déposée au CCAS. Elle est examinée par une commission régionale qui accorde ou non la qualité de soutien de famille. Ensuite, si elle sollicite également l'attribution des allocations militaires, elle est transmise à la Direction des Affaires sanitaires et sociales.

Les allocations sont accordées ou refusées par décisions motivées du préfet qui peut déléguer ses pouvoirs au directeur départemental des Affaires sanitaires et sociales.

Dans le délai d'un mois suivant la notification de la décision, les requérants peuvent former un recours direct devant la *Commission centrale* d'Aide sociale. Ces décisions sont également communiquées au ministre de la Santé qui a la possibilité d'annuler dans le délai de deux mois celles qui lui paraîtraient abusives.

Cette annulation est elle-même susceptible d'un recours devant la Commission centrale.

C) *Montant des allocations*. — Ces allocations peuvent comprendre trois éléments :

a) *Une allocation principale* qui comporte trois taux (révisés par décret) selon les ressources de la famille calculées par référence à un quotient familial.

b) *Des majorations pour enfants*. — Ces majorations ne peuvent être allouées que comme complément de l'allocation principale. Elles sont calculées par rapport à la base mensuelle de calcul des allocations familiales. Leur montant est, pour chacun des deux premiers enfants, de 22 % de cette base ; pour chacun des autres enfants, de 33 % de la même base.

Ces majorations ne peuvent se cumuler avec les prestations familiales.

c) *Des majorations d'ascendants*. — Ces majorations sont attribuées elles aussi, à titre de complément de l'allocation militaire, à condition que l'ascendant ne perçoive aucune allocation-vieillesse ou d'infirmité, en vertu des législations de *Sécurité sociale* ou d'*Aide sociale*.

Le taux des majorations d'ascendants est fixé à la moitié du montant de l'allocation principale.

XI. — L'aide sociale en matière de logement, d'hébergement et de réadaptation sociale

On sait comment, à l'origine, l'Aide sociale s'est attachée aux problèmes les plus graves : problèmes du recueil et de la survie des enfants abandonnés, accueil en hospice des vieillards et des incurables, plus récemment, attribution d'allocations aux indigents.

La notion de protection sociale s'est progressivement élargie. Il ne suffit plus de recueillir les enfants physiquement abandonnés, mais d'aider les mineurs en difficultés. Il faut rééduquer les personnes handicapées et les remettre au travail, plutôt que de les laisser dans la condition d'assistés. C'est dans cette même perspective que se situe l'aide sociale en matière de logement, d'hébergement et de réadaptation sociale qui constitue le développement le plus récent de l'aide sociale.

L'allocation de loyer. — L'aide au logement des personnes âgées, des personnes handicapées et des personnes en difficultés, avait été assurée par l'allocation-loyer.

Une allocation compensatrice des augmentations de loyer avait été créée par la loi de 1951, pour aider les « économiquement faibles » de l'époque à régler les hausses de loyer consécutives à la loi de révision des loyers de 1948.

Cette allocation est devenue en 1961 « allocation de loyer » destinée à payer non plus les hausses que subit le loyer, mais les trois quarts du loyer lui-même.

En vertu d'une loi du 16 juillet 1971, les personnes âgées, handicapées ou en difficultés perçoivent l'allocation de logement. L'allocation de loyer (Aide sociale) ne joue donc plus qu'un rôle marginal par rapport à l'allocation de logement (Sécurité sociale)[1].

L'aide sociale en matière d'hébergement. — Les personnes sortant d'établissements hospitaliers, de cure ou de rééducation, et se trouvant sans ressources et sans logement, les ex-détenus, les personnes en danger de prostitution, les vagabonds estimés aptes à un reclassement, les familles en difficultés, peuvent être hébergés dans des établissements publics ou dans des établissements privés, habilités par le préfet, en vue de leur reclassement social.

La loi du 19 novembre 1974 a élargi cette forme d'aide sociale aux « familles et aux personnes dont les ressources sont insuffisantes, qui éprouvent des difficultés pour reprendre ou mener une vie normale en raison du manque ou des conditions défectueuses de logement et qui ont besoin d'un soutien matériel et psychologique, et, le cas échéant, d'une action éducative temporaire ».

Ces personnes peuvent, de même, bénéficier d'un réentraînement au travail.

En ce qui concerne les *vagabonds,* c'est *la Commission d'Assistance aux Vagabonds* — instituée par arrêté du 14 septembre 1959 au siège des comités de probation et d'assistance aux libérés — qui délivre un certificat de placement à joindre à la demande d'aide sociale.

Les prostituées susceptibles de reclassement doivent être suivies par un service social particulier — public ou privé — organisé et contrôlé par les Directions des Affaires sanitaires et sociales.

L'admission dans les centres d'hébergement est prononcée par le préfet avec possibilité d'appel devant la

1. Fixé depuis 1964 à 1 440 F par an, le plafond de ressources ne permet plus en fait d'accorder cette aide au logement.

Commission départementale d'Aide sociale. L'habilitation des centres est donnée par la même autorité. Leur fonctionnement est assuré, depuis le 1er janvier 1986, par une dotation globale de financement, qui a remplacé le prix de journée, que fixe le préfet sur proposition du directeur départemental des Affaires sanitaires et sociales.

L'ensemble des dépenses découlant de cette forme d'aide est à la charge de l'Etat.

Conclusion

L'AVENIR DE L'AIDE SOCIALE APRÈS LA DÉCENTRALISATION

En écrivant ce volume, avons-nous dressé le bilan final d'une institution vouée à une disparition imminente ?

D'aucuns l'annonçaient déjà en 1930, lors des premières lois sur les assurances sociales, puis, en 1945-1946, à l'avènement du plan de Sécurité sociale. Or, cette mutation globale ne s'est pas encore produite en 1992 où l'aide sociale peut connaître avec la décentralisation une nouvelle jeunesse...

En matière de couverture des frais médicaux, la généralisation presque totale de l'assurance maladie a heureusement réduit le rôle de l'aide médicale à une fonction le plus souvent supplétive. Mais il reste le ticket modérateur ou le forfait journalier qui excèdent les facultés financières de personnes âgées, de travailleurs en chômage ou immigrés, de familles. L'assurance personnelle (1967 et 1978) est loin d'avoir tenu ses promesses puisque, d'une part, elle laisse, elle aussi, subsister un ticket modérateur et l'avance des frais et que, d'autre part, elle implique le versement d'une cotisation, que l'aide sociale départementale peut certes prendre en charge. En matière d'aide sociale aux personnes âgées, l'aide en nature à domicile, les foyers restaurants et les clubs, l'aide psychosociale et les placements en maisons de retraite ne semblent pas davantage pouvoir être pris en charge par l'assurance maladie, même si celle-ci supporte le financement des soins. L'aide aux inadaptés sociaux, qui a trouvé une extension nécessaire avec l'ouverture des centres d'hébergement aux familles en détresse, ne peut que rester, elle aussi, dans le champ de l'aide sociale. Quant à l'aide à l'enfance, elle voit chaque année ses effectifs en très légère baisse mais son montant global s'accroît.

Il n'en demeure pas moins que l'Aide sociale pose des problèmes et qu'elle est « la plus mal aimée » de nos institutions sociales, en raison de deux de ses aspects fondamentaux : l'obligation alimentaire qu'elle met en œuvre, d'une part, et, d'autre part, le financement qu'elle implique sur les budgets des départements et des communes.

Sur ce premier point, il faut bien admettre qu'il existe un décalage entre le droit et les mœurs. Si un père de famille auquel on demande une participation aux frais d'hospitalisation de son épouse ou de son fils reconnaît aisément sa dette, il s'indignera qu'on puisse lui demander de contribuer aux frais de placement en maison de retraite de son beau-père « qui a travaillé et cotisé toute sa vie » (les régimes de prévoyance ont créé des exigences nouvelles) ; par ailleurs, la famille moderne ne vit plus d'une vie affective et solidaire commune que dans son unité la plus réduite : le couple parental et ses enfants mineurs.

Là aussi, un tournant dans la législation s'était amorcé, sans qu'on puisse encore déceler si le législateur veut ou non supprimer complètement la référence à l'obligation alimentaire (qui relève du Code civil) dans l'attribution de l'aide sociale (qui relève du Code de la Famille et de l'Aide sociale).

Ainsi, la loi de 1975 a supprimé la référence à l'obligation alimentaire pour les personnes handicapées (étendue à certaines personnes âgées — handicapées par l'âge). De même, en 1978 et 1983, pour l'aide ménagère aux personnes âgées et la prise en charge du forfait journalier. Des circulaires de février et août 1973 recommandent également la bienveillance aux commissions d'admission, mais il semble que ces pieuses recommandations soient loin d'être toujours suivies d'effet, tant sont vivaces, dans certaines commissions (dont la composition socioprofessionnelle est ce qu'elle est) les réflexes moralisateurs (« c'est de sa faute »), pingres (« ça coûte cher à la commune »), voire racistes (« les travailleurs immigrés sont toujours malades »). Il est cependant symptomatique qu'au cours des débats qui ont donné lieu au transfert de compétences organisé par les lois du 22 juillet 1983 et 6 janvier 1986, à aucun moment n'a été abordée la question de l'obligation alimentaire. On a l'impression que les élus nationaux ne souhaitent pas remettre en cause le fragile équilibre entre la solidarité familiale et la solidarité nationale où se situe l'aide sociale. Certes, le département peut retenir des conditions d'attribution des prestations plus favorables que celles fixées au plan national, mais il n'est pas certain que ce sera en priorité pour supprimer la référence à l'obligation alimentaire.

Sur le second point, force est de reconnaître que la réforme de décentralisation et les transferts de compétences aux collectivités locales ont transformé assez radicalement le problème. Depuis le 1er janvier 1984, les départements ont la responsabilité directe des quatre cinquièmes de l'aide sociale. La loi leur a donné les pouvoirs afférents à l'exercice de leurs compétences, les crédits correspondant aux charges supplémentaires qui découlent du transfert de compétences, les services qui mettent en œuvre leurs attributions sociales

Or, il se trouve que le système des « financements

croisés », en vigueur depuis plus de trente ans, avait cristallisé tous les mécontentements, faisant apparaître un niveau de dépenses sociales pour les départements supérieur à ce qu'il était en réalité, du fait des remboursements opérés par l'Etat. Surtout, ce système avait l'inconvénient de rendre opaques les circuits de décision : ceux qui décidaient n'étaient pas toujours les financeurs. Le transfert de compétences a mis fin à cette opacité ; là où les départements paient, les décisions sont prises par les conseils généraux et, sous réserve des pouvoirs des commissions d'admissions à l'aide sociale et des juges en matière d'aide sociale à l'enfance, par eux seuls. Par ailleurs, les élus locaux ont pris rapidement conscience qu'une gestion plus proche de l'aide sociale pouvait se révéler plus économique. Ainsi, dans tous les départements, le taux d'augmentation des dépenses d'aide sociale — la réduction de l'inflation y a, certes, contribué — a sensiblement diminué depuis 1984.

Cette réaction est salutaire, toute politique sociale ne peut que prendre appui sur une parfaite maîtrise des outils qui y contribuent. Mais cette nécessaire maîtrise ne peut constituer à elle seule une politique d'aide sociale. Les départements vont devoir définir une telle politique en prenant en compte deux logiques : *la logique de leurs ressources* — autonomes par rapport à leurs dépenses, qui obéit à des impératifs économiques (la vignette automobile, nouvel impôt départemental, en est le meilleur exemple) — et *la logique de leurs dépenses* — qui dépendra, certes, de choix volontaristes, mais qui sera également conditionnée par d'autres contraintes : vieillissement de la population, aménagement du territoire, difficultés économiques.

Les élus départementaux, s'ils ne veulent pas être tentés de « rogner » sur les droits des citoyens à l'aide sociale, droits que les lois du 6 juin 1984 et du

6 janvier 1986 ont réaffirmés avec force, vont devoir définir une véritable stratégie d'action sociale dont les maîtres mots pourront être : prévention, concertation, participation.

Prévention, d'abord. Le département ne pourra pas attendre que les enfants soient en danger pour s'occuper d'eux ; il ne pourra pas attendre que les personnes âgées aient perdu leur autonomie de vie pour leur apporter un soutien. C'est en amont, le plus tôt possible, que l'action sociale doit être menée de façon persévérante et imaginative. Faire en sorte que les enfants trouvent un département accueillant, attentif à leurs problèmes, à leurs difficultés, soucieux de leur développement, de leur avenir, trouvent dans le milieu familial, le milieu scolaire, le milieu hors scolaire, de quoi s'épanouir et devenir des adultes « bien dans leur peau ». Faire en sorte que les centaines de milliers de retraités et de personnes âgées puissent continuer à être actifs, participants, utiles aux autres, bien insérés, en sécurité dans leur milieu de vie traditionnel. Faire en sorte que les familles puissent se loger convenablement, que les retards de loyer ou de dettes EDF-GDF ne les condamnent pas inexorablement à la saisie et à l'expulsion. Faire en sorte que les personnes handicapées ne soient pas coupées de la vie sociale et puissent y apporter toutes leurs potentialités. Faire en sorte... Cette prévention ne pourra être le seul fait du Conseil général. C'est dire combien déterminante sera la concertation.

La concertation, donc. Devant l'ampleur des problèmes, la complexité des situations personnelles qui en découle, aucune collectivité, pas même l'Etat, ne peut tout prendre en charge, tout régler. Au surplus, les décisions concernant une seule personne dépendent d'au moins une dizaine d'organismes. L'efficacité, dans un contexte de rigueur économique, passe par la coopération entre ces acteurs : département, services de l'Etat, communes, CCAS, Caisses de Sécurité sociale, mutualité, associations, etc., ce qui suppose aussi la déconcentration[1]. La décentralisation apporte cette chance qu'un millénaire de centralisme avait fait oublier à notre conscience collective. Le département sera bien placé pour jouer ce rôle et susciter la coopération, la concertation locale.

La participation des usagers, enfin. Le département sera bien placé également pour associer plus étroitement les citoyens et les usagers aux actions les concernant, ce qui apparaît indispensable au succès de celles-ci.

La décentralisation, c'est d'abord cela... rapprocher les citoyens du pouvoir, les administrés des administrations, promouvoir, à une échelle humaine, la concertation et la participation. Puissent les élus et les citoyens savoir saisir cette chance.

1. La loi d'orientation du 6 février 1992 relative à l'administration territoriale de la République fait des services déconcentrés l'échelon de droit commun de l'administration de l'Etat, les administrations centrales n'ayant plus que des compétences d'attribution.

BIBLIOGRAPHIE

Elie Alfandari, *Revue de Droit sanitaire et social.*

Elie Alfandari, *Action et aide sociale,* Précis Dalloz.

D. Ceccaldi, *Les institutions sanitaires et sociales,* t. I et II, Foucher.

J. Désigaux et A. Thévenet, *La garde des jeunes enfants,* PUF, « Que sais-je ? », n° 2019.

G. Gontcharrof et S. Milano, *La décentralisation...,* Ed. Syros.

A. Thévenet, *L'aide sociale aujourd'hui après la décentralisation,* ESF édit.

A. Thévenet, *Le quatrième âge,* « Que sais-je ? », n° 2454.

A. Thévenet et J. Désigaux, *Les assistantes maternelles,* Ed. ESF.

A. Thévenet et J. Désigaux, *Les travailleurs sociaux,* PUF, « Que sais-je ? », n° 1173.

A. Thévenet, *Les institutions sanitaires et sociales de la France,* PUF, « Que sais-je ? », n° 2319.

P. Verdier, *Adopter un enfant. Psycho-guide,* Editions Le Centurion.

P. Verdier, *Les droits des personnes handicapées,* ESF édit.

P. Verdier, *Les institutions et organismes sociaux,* ESF édit.

TABLE DES MATIÈRES

Imprimé en France
Imprimerie des Presses Universitaires de France
73, avenue Ronsard, 41100 Vendôme
Août 1992 — N° 38 407